KARL JAROŠ

ESTHER

Geschichte und Legende

KULTURGESCHICHTE DER ANTIKEN WELT

BAND 71

VERLAG PHILIPP VON ZABERN · GEGRÜNDET 1785 · MAINZ

KARL JAROŠ

ESTHER

Geschichte und Legende

VERLAG PHILIPP VON ZABERN · MAINZ AM RHEIN

125 Seiten mit 7 Schwarzweißabbildungen und 7 Farbtafeln

Umschlag: Siegfried Pichlwagner, Die trauernde Esther, Öl auf Leinen, 1996, 50 × 60 cm

Die Deutsche Bibliothek – CIP-Einheitsaufnahme

Jaroš, Karl:
Esther : Geschichte und Legende / Karl Jaroš. –
Mainz am Rhein : von Zabern, 1996
(Kulturgeschichte der antiken Welt ; Bd. 71)
ISBN 3-8053-1913-4
NE: GT

ISBN 3-8053-1913-4
Satz: Typo-Service Mainz
Lithos: MWP GmbH, Wiesbaden

Printed in Germany by Philipp von Zabern
Printed on fade resistant and archival quality paper (PH 7 neutral)

Für meine Tochter Esther

Inhalt

Vorwort 9

Kapitel 1
Die Estherrolle 13
Einführung 13
Der hebräische Text mit den griechischen Zusätzen in Übersetzung 17

Kapitel 2
Das Persische Grossreich und die Esther-Rolle 52
Die Religionspolitik von Kyros II. bis Artaxerxes I. 52
Die Verwaltung des Reiches 62
Zarathustras Religion und die Magier 66
Die Juden im Perserreich 76
Das persische Neujahrsfest und das Purim-Fest 85

Kapitel 3
Die verschiedenen Überlieferungen des Stoffes 89
Die hebräische Version 90
Die Einleitung 91
Die Haupthandlung 95
Das abschließende Purim-Fest 100
Die griechischen Zusätze 101
Die literarischen Gattungen 104
Die zeitliche Einordnung 106
Exkurs: Der Kalender der hebräischen Esther-Rolle 106

Kapitel 4
Der Esther-Zyklus von Dura Europos 110
Zur Synagoge von Dura Europos 111
Die einzelnen Bilder des Esther-Zyklus 113

Abkürzungen der biblischen Bücher 115

Verzeichnis der Tafeln mit Photonachweis 116

Literaturverzeichnis und Abkürzungen 118

Vorwort

Esther – Geschichte und Legende; vielleicht ein zu einfacher Titel für ein komplexes Thema. Obwohl Esther keine Gestalt der Geschichte ist, kann sie auch nicht völlig als eine Gestalt der Legende gelten. Sie ist eine Personifizierung des jüdischen Volkes in seiner Not und in seinem Elend. Eine solche Personifizierung kann man nicht an einem bestimmten Punkt der Geschichte festmachen. Die leidenden Züge ihres Antlitzes lassen sich manchmal klar und deutlich, bisweilen nur schemenhaft durch die gesamte Geschichte des jüdischen Volkes erkennen, von den Vernichtungslagern in unserem Jahrhundert bis hin zu den versteckten Antijudaismen einer übersättigten und gelangweilten Gesellschaft, für die der Begriff »Jude« nur mehr eine Chiffre des Fremden und Andersartigen geworden ist.

Es geht letztlich in der Esther-Rolle um keine Problematik irgendwo vor 2500 Jahren. Es geht um das Heute und Jetzt!

Der blutige Krieg zwischen verschiedenen Nationalitäten, zwischen Muslimen und Christen – fast im Herzen Europas – ist kaum noch zu Ende; Flüchtlinge, Vertriebene, Vergewaltigte drängen in die Länder des mittleren und nördlichen Europa. Und wir müssen uns von der Bibel her die Frage gefallen lassen: Sind wir bereit, diesen Fremden das zu geben, wozu das alte Persien zarathustrischer Prägung imstande war?

Zugleich führt uns die jüdische Minorität in Persien drastisch vor Augen, was es heißen kann, sich auf Fremde einzulassen. Die Perser werden von ihren Gästen doch ganz ordentlich denunziert; aber ist damit nicht zu rechnen, heute wie damals, wenn gegenseitiges Unverständnis vorherrscht? Nur wenn das Unverständnis von beiden Seiten abgebaut wird, kann Neues werden. Die Esther-Rolle zeigt uns dieses Neue: eine tiefe Einsicht des Großkönigs, des Einheimischen, und der Juden, die nun ein ihnen fremdes Fest zu ihrem eigenen machen. Und zeigt nicht auch die eheliche Verbindung des Großkönigs mit der Jüdin Esther, daß durch menschliche Liebe nationale Hindernisse überwunden werden können?

Es gibt gar nicht so viele Bücher aus christlicher Hand über die Esther-Rolle der hebräischen Bibel. Esther hat auch in christliche Stuben kaum Einzug gehalten.* Luthers Urteil über dieses Buch, daß es ihm zu sehr »judenzt«, mag einflußreich gewesen sein. Aber der große Reformator steht bereits in einer mächtigen Tradition des Antijudaismus, der in diesem Büchlein einen Triumph des nationalistischen Zuges im Judentum zu wittern meint.

Doch auch manche Vertreterinnen und Vertreter einer feministischen Bibelauslegung wenden verschämt ihr Antlitz von diesem Büchlein ab; sehen sie doch darin eine Verherrlichung der Frau als Sexualobjekt.

Nun, jeder, der heute unbefangen dieses biblische Büchlein liest, wird weder das eine noch das andere als zentrales Thema empfinden.

* »Although the book of Esther never had the same importance in the Christian World that it did in Judaism, where it became the center of the feast of Purim, evidence that it existed with illustrations comes from Latin West in copies where a derivation from Eastern models is quite possible.« (Weitzmann/Kessler 1989: 117)

Trotz aller menschlichen Verfehlungen, trotz Hasses und trotz eines imaginären jüdischen Rachefeldzuges manifestiert die Esther-Rolle einen der wichtigsten Grundsätze biblischer Ethik: daß gleiches Recht für den Einheimischen wie für den Fremden zu gelten hat (Lev 24,22 Num 15,15–16). Für die Bibel ist dies kein menschliches, sondern ein göttliches Recht!

Das vorliegende Buch will kein Kommentar und keine Studie zur Esther-Rolle sein! Es ist der schlichte Versuch, ein interessantes biblisches Thema dem Leser nahezubringen.

Es war mir ein Anliegen, den Text der Esther-Rolle mit Bildern zu interpretieren. Ich freue mich, daß es gelungen ist, vier Bilder eines der größten Maler unseres Jahrhunderts, Marc Chagall, und die ältesten bisher bekannten Bilder aus der Synagoge von Dura-Europos zu diesem Thema bringen zu können. Diese Bilder sprechen für sich; denn sie alle sind aus der Beschäftigung und der Meditation mit dem biblischen Text entstanden.

Mein Dank gilt meinem Freund Siegfried Pichlwagner, der als Künstler und Maler, berührt von diesem Thema, den Umschlag der »trauernden Esther« entworfen hat, dem Deutschen Archäologischen Institut in Damaskus für organisatorische Hilfestellungen, dem Department of Antiquities and Museums von Syrien für die Publikationserlaubnis der Photos und der Chagall-Nachlaßverwaltung, daß sie den Abdruck der vier Bilder gestattete. Mein besonderer Dank gilt Herrn Franz Rutzen, daß dieser Band in das Verlagsprogramm von Philipp von Zabern aufgenommen wurde.

Pasching, am 19. Oktober 1995 — Karl Jaroš

Kapitel 1

Die Esther-Rolle

Einführung

Die Esther-Rolle ist in keiner einheitlichen Fassung überliefert. Der hebräische Text ist wesentlich kürzer als der der ältesten griechischen Übersetzung, der Septuaginta aus dem 2. Jh. v. Chr. Dieser griechische Text umfaßt zusätzlich zum hebräischen Text:

A: den Traum Mordechais und die Aufdeckung der Verschwörung (1,1a–r),
B: den Erlaß Hamans (3,13a–g),
C: die Gebete Mordechais und Esthers (4,17a–z),
D: den Gang Esthers zum König (5,1a–f.2a–b),
E: den königlichen Erlaß für die Juden (8,12a–x),
F: die Deutung des Anfangstraums Mordechais (10,3a–k) und
G: die Überbringung des Esther-Buches nach Ägypten (10,31).

Die bedeutendste lateinische Übersetzung, die Vulgata, die auf Hieronymus zurückgeht und die Ende des 4., Anfang des 5. Jhs. n. Chr. entstanden ist, faßt diese griechischen Zusätze zusammen und bringt sie nach der Übersetzung der hebräischen Fassung.
Die griechischen Erweiterungen sind in zwei verschiedenen Rezensionen überliefert, wobei z. B. Moore (1971, vgl.

Eißfeldt 1964: 800–802) annimmt, daß 1,1a–r; 4,17a–z und 10,3a–k von einer hebräisch-aramäischen Vorlage ins Griechische übersetzt, während der Rest direkt griechisch verfaßt wurde.
Zusätze zu einem biblischen Buch wie diese nennt die katholische Kirche deuterokanonisch, die evangelische Kirche apokryph. Die katholische Kirche rechnet solche deuterokanonischen Zusätze ohne Einschränkungen zur Heiligen Schrift (DS 1502).

Die Geschichte des hebräischen Textes ist trotz verschiedener Vorschläge der Fachwelt (vgl. Angerstorfer NBL I: 603) kaum deutlich. Dubletten, einfache Wiederholungen und Widersprüche lassen jedoch darauf schließen, daß der hebräische Text nicht einheitlich ist.
Die Doppelberichte seien nach Cazelles (1961: 17–29) und Schedl (1964: 155f) aufgelistet:

Gastmahl:
180 Tage für die Vertreter der 127 Provinzen (1,1–4)
7 Tage für das Volk in Susa (1,5ff)

Ratgeber:
7 Fürsten der Meder und Perser (1,14)
7 Eunuchen in Susa (1,10)

Esther:
Angabe der Abstammung (2,15), Verbot, die Volkszugehörigkeit zu offenbaren (2,20), Datierung »im 7. Jahr« (2,16)
Hadassa = Esther, ohne Vatername (2,7), Verbot, die Herkunft bekannt zu geben (2,10), keine Datierung.

Frauenhaus:
Das »zweite Frauenhaus« (2,14)
Das Frauenhaus in Susa (2,8)

Mädchenwahl:
Die »zweite« Wahl (2,19)
Viele Mädchen in Susa (2,8)

Verschwörung:
Von Mordechai am Tor entdeckt, durch Esther an den König vermittelt, in die Annalen eingetragen (2,21–23)
»Zweiter« Bericht: der König weiß nichts von einer Verschwörung (6,1–3)

Haman:
Feind der Juden des ganzen Reiches (3,6), Datierung »im 12. Jahr«
Haman Feind des Mordechai am Tor von Susa (3,1–4), kein Datum

Esthers Fürbitte:
Esther erreicht, das Haus Haman zur Vernichtung freizugeben (8,3–8).
Notwehrerlaß mit Datierung (3,6). Mordechai in seiner Herrlichkeit (8,14–17)
1. Gastmahl (5,1–8), Hamans Entschluß, Mordechai zu töten (5,9–14); schlaflose Nacht des Königs (6,1–4), Mordechai erfährt eine Ehrung (6,4–15), Esthers Fürbitte (6,14–7,6)
2. Gastmahl und Hamans Hinrichtung (7,7–10), Siegelring an Mordechai (8,1–2)

Vernichtung der Feinde:
am 13. Adar in den Provinzen (9,1–5), in Susa Hinrichtung der Söhne Hamans (9,6–10), 500 Menschen getötet (9,13)

Purimbrief:
von Mordechai ausgestellt (9,20–28), Hinweise auf die Chronik (10,1–3), von Esther ausgestellt (9,29–32)

Diese Auflistung kann zeigen, daß wenigstens zwei Überlieferungen im hebräischen Esther-Buch vereinigt wurden: die eine ist eine volkstümliche Überlieferung von Susa, die an den weltpolitischen Ereignissen wenig interessiert ist. Ihr Interesse gilt der Königin Hadassa/Esther, der es zusammen mit Mordechai gelingt, den Judenfeind Haman auszuschalten. So ist das jüdische Volk von Susa gerettet, und die Königin führt das Purimfest ein.
Der andere Erzählstrang ist eine Art Chronik, die die Ereignisse zu datieren sucht. Ihr Interesse gilt nicht so sehr den Juden in Susa, sondern in allen Provinzen des persischen Reiches.

Der volkstümliche Erzählstrang wird im folgenden Text »normal«, der chronikartige »halbfett« gedruckt.
Alle griechischen Zusätze sind *»kursiv«* gehalten.
Ein Text in [ ] gilt als Glosse.

Der hebräische Text mit den griechischen Zusätzen in Übersetzung*

Der Traum des Mordechai

1 *1a Im zweiten Jahr der Regierung des Großkönigs Artaxerxes, am ersten Nisan, hatte Mordechai, der Sohn Jairs, der Enkel des Schimi, der Urenkel des Kisch, aus dem Stamm Benjamin, einen Traum. 1b Er war ein Jude, der in der Stadt Susa wohnte. Mordechai war hoch angesehen und diente am Hof des Königs. 1c Er war einer von denen, die der babylonische König Nebukadnezar zusammen mit Jojachin, dem König von Juda, aus Jerusalem in die Gefangenschaft geführt hatte.*

1d Mordechai hatte folgenden Traum: Es gab Stimmen und Lärm, Donner und Erdbeben, und es entstand ein Schrecken auf der Erde. 1e Siehe, es kamen zwei mächtige Drachen, die zu kämpfen bereit waren. Sie brüllten laut. 1f Durch ihr Geschrei wurden alle Völker zum Krieg gereizt, um gegen das Volk der Gerechten zu kämpfen. 1g Es war ein Tag der Dunkelheit und der Finsternis, der Bedrängnis und Not; Unheil und große Verwirrung waren auf der Erde. 1h Das ganze Volk der Gerechten geriet in Schrecken. Sie fürchteten Unheil und waren auf ihren eigenen Untergang gefaßt. Sie schrien zu Gott. 1i Mordechai sah, daß auf ihr bittendes Geschrei aus einer kleinen Quelle ein gewaltiger Strom wurde, der viel Wasser führte. 1k Ein Licht und die Sonne gingen auf. Die Niedrigen wurden erhöht. Sie vernichteten die Angesehenen.

1l Als Mordechai dieses Traumgesicht geschaut hatte, erwachte er. Er überlegte hin und her, was Gott wohl beschlossen habe, und versuchte, auf jede nur mögliche Weise dieses Traumgesicht zu verstehen.

* Die Übersetzung folgt primär der Herder-Bibel und der Einheitsübersetzung.

Die Verschwörung gegen Artaxerxes

1m Mordechai schlief im Königspalast in der Nähe der zwei Eunuchen Gabata und Teresch, die den Palast bewachten. 1n Er hörte ihre Pläne und versuchte, darüber Genaueres zu erfahren. Schließlich entdeckte er, daß sie einen Anschlag auf den König Artaxerxes planten. Mordechai zeigte sie deswegen beim König an. 1o Artaxerxes verhörte die beiden Hofbeamten. Nach ihrem Geständnis wurden sie hingerichtet. 1p Der König ließ zur Erinnerung diesen Vorfall aufschreiben, aber auch Mordechai zeichnete dieses Geschehen schriftlich auf. 1q Der König gab Mordechai die Weisung, im Palast Dienst zu tun, und belohnte ihn dafür mit reichen Geschenken. 1r Der Bugäer Haman, der Sohn des Hammedata, war beim König sehr angesehen und suchte Mordechai und seinem Volk wegen der beiden königlichen Eunuchen zu schaden.

Achaschwerosch und Waschti

Das Festmahl des Königs

1 1 Es geschah in der Zeit des Achaschwerosch, jenes Achaschwerosch, der als König von Indien bis Ägypten über hundertsiebenundzwanzig Provinzen herrschte. 2 In jenen Tagen, als König Achaschwerosch seinen Königsthron in der Burg zu Susa bestiegen hatte, 3 im dritten Jahr seiner Königsherrschaft, gab er ein Festmahl für alle seine Fürsten und Beamten. Die Heerführer der Perser und Meder, die Adeligen und die Statthalter der Provinzen waren gekommen. 4 Der König stellte lange Zeit seinen ganzen Reichtum und seine königliche Pracht, seine Herrlichkeit und seinen ungeheuren Prunk zur Schau: hundertachtzig Tage.

5 Danach veranstaltete der König für das Volk von Susa, vom Größten bis zum Kleinsten, sieben Tage lang ein Gastmahl im Hof des königlichen Palastes. 6 Feines Leinen, Baumwollstoffe und violette Purpurtücher waren

mit weißen und roten Schnüren in silbernen Ringen an Alabastersäulen aufgehängt. Goldene und silberne Ruhelager standen auf dem Mosaikboden aus Alabaster, weißem und buntem Marmor und Edelstein. 7 Man trank aus goldenen Bechern. Jeder Becher war vom anderen verschieden. Großzügig ließ der König seinen Wein ausschenken. 8 Bei diesem Festmahl sollte keinerlei Zwang herrschen. Denn der König hatte seinen Beamten befohlen: Jeder soll so tun, wie es ihm beliebt.

Die Verstoßung der Königin

9 Aber auch die Königin Waschti gab ein Gastmahl für die Frauen des königlichen Palastes, der dem König Achaschwerosch gehörte.
10 Am siebenten Tag war der König vom Wein angeheitert. Er befahl, Mehuman, Biseta, Harbona, Bigta, Abagata, Setar und Karkas, den sieben Eunuchen, die vor König Achaschwerosch den Dienst versahen, 11 die Königin Waschti in der Königstiara vor den König zu bringen, damit die Völker und Fürsten ihre erotische Anziehungskraft bewundern könnten; denn sie war sehr begehrenswert. 12 Doch die Königin Waschti weigerte sich, dem Befehl des Königs, den ihr die Eunuchen überbrachten, zu folgen und zu kommen. Da ward der König sehr zornig, und Unmut entbrannte in seinem Herzen. 13 Der König sprach zu den Weisen, die die Zeiten zu deuten vermögen – denn so wurden die Angelegenheiten des Königs allen Rechts- und Gesetzeskundigen vorgelegt –;
14 am nächsten standen ihm Karschena, Schetar, Admata, Tarschisch, Meres, Marsena, Memuchan, die sieben Fürsten der Perser und Meder, die das Antlitz des Königs schauten und im Reich den ersten Rang einnahmen:
15 »Was soll nach dem Gesetz mit der Königin Waschti geschehen, zumal sie den Befehl des Königs Achaschwerosch nicht beachtet hat, den ihr die Eunuchen überbracht

haben?« 16 Da sprach Memuchan vor dem König und den Fürsten: »Die Königin Waschti hat sich nicht nur gegen den König, sondern auch gegen alle Völker und Fürsten, die in allen Provinzen des Königs Achaschwerosch leben, vergangen. 17 Denn die Weigerung der Königin wird allen Frauen bekannt werden, und sie werden die Achtung vor ihren Ehemännern verlieren und sagen: König Achaschwerosch befahl, daß man die Königin zu ihm bringe. Doch sie kam nicht. 18 Von jetzt an werden alle Fürstinnen Persiens und Mediens, die vom Verhalten der Königin erfahren, gegen alle Fürsten des Königs aufmucken. Es wird viel Ärger und Verdruß geben. 19 Wenn es dem König gut dünkt, ergehe ein königliches Reskript, das in den Rechtssammlungen der Perser und Meder aufgenommen werde, so daß es nicht mehr aufgehoben werden kann: Waschti dürfe dem König Achaschwerosch
Taf. II
nicht mehr unter die Augen kommen. Ihre Königswürde solle der König einer anderen geben, die würdiger sei als sie. 20 Wenn dieses Reskript des Königs für das ganze Reich gelte, dann werden alle Frauen ihren Ehemännern Achtung erweisen, vom Vornehmsten bis zum Niedrigsten.« 21 Dieser Vorschlag gefiel dem König und den Fürsten; der König richtete sich nach dem Wort Memuchans. 22 Er sandte Reskripte an alle königlichen Provinzen, an jede Provinz in ihrer eigenen Schrift und an jedes Volk in seiner Sprache: Jeder Mann soll in seinem Haus Herr sein! [und jeder Lehnsherr in der Sprache seines Volkes angeredet werden.]

Mordechai und Esther

Esther wird Königin

2 1 Nach einer Weile beruhigte sich der König und er dachte an Waschti, was sie getan und was man über sie beschlossen hatte. 2 Da sprachen die Pagen des Königs, die ihn bedienten: »Man soll für den König schöne junge Mädchen suchen. 3 Der König soll in jeder Provinz seines Reiches Männer beauftragen, alle schönen, jungen Mädchen in das Frauenhaus des Palastes von Susa unter die Obhut des königlichen Eunuchen Hegai, des Aufsehers der Frauen, zu bringen, wo für ihre Schönheitspflege gesorgt werden soll. 4 Das Mädchen, das dem König gefällt, soll anstelle Waschtis Königin werden.« Dieser Vorschlag gefiel dem König, und er handelte danach.

5 Im Palast von Susa lebte ein Jude namens Mordechai, der Sohn Jairs, der Enkel Schimis, der Urenkel des Kisch, aus dem Stamm Benjamin. 6 Er war zusammen mit König Jojachin und mit den Gefangenen aus Jerusalem gekommen, die einst der babylonische König Nebukadnezar deportiert hatte. 7 Mordechai war der Vormund von *Taf. III*
Hadassa, der Tochter seines Onkels, die auch Esther hieß. Ihr Vater und ihre Mutter lebten nicht mehr. Esther war von schöner Gestalt und anmutiger Erscheinung. Nach dem Tod ihres Vaters und ihrer Mutter hatte sie Mordechai wie eine eigene Tochter angenommen.

8 Als der Befehl des Königs und seine Verordnung bekanntgemacht und viele Mädchen im Palast von Susa unter der Obhut des Hegai versammelt waren, wurde auch Esther in den Königspalast unter die Obsorge des Aufseher der Frauen Hegai gebracht. 9 Das Mädchen fand sein Gefallen und seine Gunst. Er sorgte für ihre Schönheitspflege, für die richtige Nahrung und gab ihr sieben auserlesene Dienerinnen aus dem Königshaus. Er brachte sie und ihre Dienerinnen im besten Teil des Frauenhauses unter. 10 Ihre Abstammung und ihre Volkszugehörigkeit verschwieg Esther, da Mordechai es ihr verboten hatte, darüber zu sprechen. 11 Jeden Tag ging Mor-

dechai zum Hof des Frauenhauses, um nachzusehen, wie es Esther erging und was mit ihr geschah.
12 Der Reihe nach wurden alle Mädchen zum König Achaschwerosch gebracht. Zuvor waren sie nach den Vorschriften für die Frauen zwölf Monate lang kosmetisch gepflegt worden. So lange dauerten die Tage ihrer Schönheitspflege, sechs Monate mit Myrrhenöl und sechs Monate mit Balsam und anderen kosmetischen Mitteln für Frauen. 13 Dann ging das Mädchen zum König, und alles, was es wollte, wurde ihm vom Frauenhaus in den Königspalast mitgegeben. **14 Am Abend ging es hinein und am Morgen kehrte es in das zweite Frauenhaus zurück, das unter der Leitung des königlichen Eunuchen Schaaschgas stand, der Aufseher über die Nebenfrauen war. Zum König kam ein solches Mädchen nicht mehr, es sei denn, der König hätte an ihm Gefallen gefunden und riefe es namentlich.**

Taf. IV **15 Schließlich war auch Esther, die Tochter Abihajils, des Onkels Mordechais, der sie als seine Tochter angenommen hatte, an der Reihe, zum König zu gehen. Sie wollte nichts mitnehmen, außer, was der königliche Eunuch Hegai, der Aufseher der Frauen, ihr riet. Esther fand bei allen, die sie sahen, Gefallen. 16 So wurde Esther zu König Achaschwerosch in den königlichen Palast gebracht. Das geschah im 10. Monat – das ist der Monat Tebet – im siebenten Jahr seiner Königsherrschaft.** 17 Der König liebte Esther mehr als alle Frauen zuvor, und sie erwarb seine Huld und Gunst mehr als alle anderen Mädchen. Er legte ihr das königliche Diadem an und erhob sie anstelle Waschtis zur Königin. 18 Der König veranstaltete zu Ehren Esthers ein großes Festmahl für alle seine Fürsten und Diener. Den Provinzen gewährte er einen Steuererlaß. Mit königlicher Großzügigkeit teilte er Geschenke aus.

Mordechai und Haman

19 Als Esther so wie die anderen jungen Mädchen
in das [zweite] Frauenhaus kam, 20 hatte sie ihre Her-
kunft und ihre Volkszugehörigkeit verschwiegen, wie
Mordechai ihr befohlen hatte. Esther folgte Mordechai
so wie früher, als sie noch unter seiner Obhut war. 21 In
jenen Tagen, als Mordechai seinen Dienst am Tor des
königlichen Palastes versah, planten die beiden unzu-
friedenen königlichen Eunuchen Bigtan und Teresch,
die zu den Torhütern gehörten, einen Anschlag auf
König Achaschwerosch. 22 Mordechai erfuhr davon und
meldete es der Königin Esther; die es im Auftrag Morde-
chais dem König erzählte. 23 Die Beschuldigung wurde
untersucht und für richtig befunden. Man hängte die
beiden am Holzpfahl auf und hielt das Ereignis in der
Chronik fest, die für den König geführt wurde.

3 1 Nach diesen Ereignissen erhob König Achasch-
werosch den Agagiter Haman, den Sohn des Hamme-
data. Er gab ihm einen höheren Rang als allen anderen
Fürsten seiner Umgebung. 2 Alle königlichen Diener am
Tor des Palastes fielen vor Haman nieder und beugten ihr
Knie; denn so hatte der König seinetwillen angeordnet.
Doch Mordechai beugte sein Knie nicht und verneigte
sich nicht zur Erde. 3 Das sprachen die königlichen Diener
am Tor des Palastes zu Mordechai: »Warum übertrittst du
des Königs Befehl?« 4 Jeden Tag redeten sie Mordechai
zu, aber er hörte nicht auf sie. Schließlich meldeten sie es
Haman, da sie sehen wollten, ob Mordechai mit seiner
Begründung – er hatte ihnen nämlich gesagt, er sei Jude –
Erfolg haben werde. 5 Als Haman sah, daß Mordechai das
Knie nicht beugte und sich vor ihm nicht bis zur Erde ver-
neigte, wurde er äußerst zornig. **6 Es schien ihm daher**
nicht genug, nur Mordechai zu beseitigen. Da man ihm
gesagt hatte, Mordechai gehöre zum Volk der Juden,

wollte Haman alle Juden im Reich des Achaschwerosch vernichten – das ganze Volk Mordechais.

Die bedrohten Juden

Reskript zur Ausrottung der Juden

7 Im ersten Monat Nisan, im zwölften Jahr des Königs Achaschwerosch warf man das Pur, das ist das Los, vor Haman von Tag zu Tag und von Monat zu Monat. Das Los fiel auf den dreizehnten Tag des zwölften Monats; das ist der Monat Adar. 8 Darauf sagte Haman zu König Achaschwerosch: »Es gibt ein Volk, das über alle Provinzen deines Reiches verstreut lebt, aber sich von den anderen Völkern absondert. Seine Gesetze unterscheiden sich von jedem Volk, und die königlichen Verordnungen beobachtet es nicht. 9 Wenn der König einverstanden ist, soll ein Reskript herausgegeben werden, um sie auszurotten. Dann kann ich den Schatzmeistern zehntausend Silbertalente übergeben und in die königlichen Schatzkammern bringen lassen.« 10 Da zog der König seinen Siegelring vom Finger und übergab ihn dem Agagiter Haman, dem Sohn des Hammedata, dem Gegner der Juden. 11 Der König sagte zu Haman: »Das Silber gehört dir; mit dem Volk mache, was du willst.

12 Am dreizehnten Tag des ersten Monats rief man die königlichen Schreiber zusammen. Nach Hamans Anweisungen wurden an die königlichen Satrapen, an die Statthalter, die über die einzelnen Provinzen bestellt waren, und an die Fürsten der einzelnen Völker, an jede Provinz in ihrer Schrift und an jedes Volk in seiner Sprache Schreiben verfaßt. Es wurde im Namen des Königs geschrieben und mit dem königlichen Siegelring gesiegelt. 13 Durch Eilboten kamen die Schreiben an alle königlichen Provinzen: man soll vernichten, ermorden

und zugrunde richten alle Juden, jung und alt, Kinder und Frauen, am gleichen Tag, am dreizehnten des zwölften Monats, das ist der Monat Adar, und was zu erbeuten sei, soll man plündern.

13a Folgendes ist die Abschrift des Briefes:

Der Großkönig Achaschwerosch schreibt den Statthaltern der hundertsiebenundzwanzig Länder von Indien bis nach Äthiopien und den untergeordneten Behörden also:

13b Als Herrscher über viele Völker und Gebieter über den ganzen Erdkreis habe ich beschlossen – nicht aus überheblicher Willkür, sondern in meinem allseits bewiesenen Streben nach Milde und Güte –, das Leben meiner Untertanen in allem ruhig zu gestalten und den von allen Menschen ersehnten Frieden wiederherzustellen, indem ich das Reich geordnet gestalte und es bis an die Grenzen mit guten Straßen versehe. 13c Als ich meine Ratgeber befragte, wie dies zu erreichen sei, hat Haman, der sich bei uns durch seine Besonnenheit hervorgetan und seine unwandelbare edle Gesinnung und feste Treue unter Beweis gestellt hat, und der im Reich den zweithöchsten Rang innehat, 13d uns darauf hingewiesen, daß ein gewisses feindlich gesinntes Volk unter alle Völker der Erde gemischt sei, das durch seine Gesetze zu jedem anderen Volk im Gegensatz stehe. Es mißachte ununterbrochen die Anordnungen unserer Könige, so daß die Verwaltung des ganzen Reiches beeinträchtigt ist, obwohl sie von uns ausgezeichnet geleitet wird. 13e So haben wir verfolgen können, daß einzig und allein dieses Volk immer in feindseliger Haltung gegen jedermann verharrt, eine fremdartige gesetzliche Lebensweise beobachtet und sich gegen das Interesse unseres Landes stellt und die schlimmsten Verbrechen begeht, so daß im Reich keine geordneten Verhältnisse eintreten können.

13f So ordnen wir an: Alle, die euch Haman, der Staatskanzler, unser zweiter Vater, in seinem Brief näher beschrieben hat, sollen am vierzehnten Tag des Monats Adar des laufenden Jahres samt ihren Frauen und Kindern ohne Gnade und Erbarmen durch das Schwert ihrer Feinde radikal ausgerottet werden. 13g Es sollen also diese seit jeher feindseligen Menschen an einem Tag gewaltsam in den Hades hinabsteigen. Dies bietet die Gewähr, daß sich unser Land in Zukunft einer beständigen und ungestörten Ruhe erfreuen darf.«

14 In jede einzelne Provinz wurde eine Abschrift des Reskriptes geschickt und als Gesetz veröffentlicht, damit alle Völker für diesen Tag bereit seien. 15 Auf Befehl des Königs zogen die Boten eilends aus. Während das Reskript in der Stadt Susa veröffentlicht wurde, gab sich der König mit Haman einem Trinkgelage hin. Die Stadt Susa war aber in großer Aufregung.

Mordechai und Esther wenden die Gefahr ab

4 1 Als Mordechai von allem, was geschehen war, erfuhr, zerriß er seine Kleider, hüllte sich in Sack und Asche. Dann ging er mitten in die Stadt und begann ein lautes Wehgeschrei. 2 Schließlich kam er bis vor das königliche Tor. Da er in Trauerkleidung war, durfte er aber das königliche Tor nicht betreten. 3 In jeder Provinz herrschte bei den Juden überall große Trauer, sobald das Reskript und das Gesetz des Königs eingetroffen waren. Es wurde gefastet, geweint und geklagt. Viele schliefen in Sack und Asche.

4 Durch ihre Dienerinnen und Eunuchen erfuhr Esther von diesem Gesetz. Die Königin erschrak überaus! Sie schickte Mordechai Gewänder, damit er sich bekleiden und das Trauerzeug ablegen solle. Doch er nahm sie nicht an. 5 Da rief Esther nach Hatach von den königlichen Eunuchen, der in ihrem Dienst stand, schickte ihn zu Mordechai, um zu erfahren, was wirklich los sei und was es bedeute. 6 Hatach ging zu Mordechai auf den Marktplatz vor das Tor des Palastes hinaus. 7 Mordechai sagte ihm alles, was geschehen war und berichtete ihm sogar, wieviel Silber Haman in die königlichen Schatzkammern

liefern wolle, sobald er die Juden ausgerottet habe. 8 Er gab ihm auch eine Abschrift des Reskriptes über die Ausrottung der Juden, das in Susa veröffentlicht worden war; das sollte Hatach Esther zeigen, ihr alles mitteilen und sie eindringlich bitten, zum König zu gehen, um ihn um Erbarmen anzuflehen und bei ihm Fürbitte für ihr Volk einzulegen.

8a Er ließ ihr sagen: »Gedenke der Tage deiner Niedrigkeit, wie du durch meine Hand ernährt wurdest. Haman, der Zweite nach dem König, hat uns dem Tod preisgegeben. 8b Du aber bitte Gott, dann sprich zum König für uns und befreie uns vom Tod.«

9 Hatach ging und überbrachte die Mitteilungen des Mordechai an Esther. 10 Esther sandte abermals Hatach mit folgender Botschaft zu Mordechai: 11. »Alle Diener des Königs und das Volk in den königlichen Provinzen wissen, daß für jeden, ob Mann oder Frau, der unaufgefordert zum König in den inneren Vorhof kommt, nur ein Gesetz besteht: daß man ihn töte, es sei denn, daß der König sein goldenes Zepter nach ihm ausstreckt, damit er lebe. Ich bin nun schon seit dreißig Tagen nicht mehr zum König gerufen worden.«

12 Diese Worte Esthers wurden Mordechai überbracht. 13 Mordechai sagte, man solle Esther folgendes anworten: »Meine nicht in deinem Herzen, du könntest dich alleine von allen Juden retten, weil du Königin bist. 14 Wenn du zu dieser Notzeit schweigst, wird den Juden Rettung und Befreiung von einem anderen Ort her kommen. Du aber und das Haus deines Vaters werden untergehen. Glaubst du nicht, daß du gerade für eine solche Zeit zur Königswürde emporgestiegen bist?«

15 Da ließ Esther Mordechai ausrichten: 16 »Geh und rufe alle Juden in Susa zusammen. Haltet meinetwegen ein Fasten. Drei Tage lang eßt und trinkt nichts, Tag und Nacht. Auch ich und meine Dienerinnen wollen ebenso

fasten. Dann bin ich bereit gegen das Gesetz zum König zu gehen. Komme ich um, so komme ich eben um.« 17 So ging Mordechai und handelte nach dem, was Esther ihm befohlen hatte.

Mordechais und Esthers Gebet

17a Mordechai erwog all die Taten des Herrn und er betete zum Herrn: 17b Herr, Herr, König, du Herrscher über alles! Deiner Macht ist das All unterworfen, und es gibt niemanden, der dir trotzen kann, wenn du Israel erretten willst. 17c Denn du hast den Himmel und die Erde erschaffen und alles Wunderbare, das unter dem Himmel ist. Du bist Aller Herrscher und niemand kann sich dir, dem Herrn, entgegenstellen. 17d Du kennst alles! Du weißt, Herr, daß ich dies nicht aus Übermut, Hochmut oder Ruhmsucht tat, wenn ich vor dem übermütigen Haman nicht niederfiel. Denn ich wäre bereit gewesen, zur Rettung Israels seine Fußsohlen zu küssen. 17e Ich handelte so, um die Ehre eines Menschen nicht höher zu stellen als die Ehre Gottes. Vor keinem außer dir, Herr, will ich niederfallen, und ich tue es nicht aus Hochmut. 17f Jetzt, Herr, Gott, König, Gott Abrahams, schone dein Volk: Denn sie schauen auf uns zum Verderben und haben großes Verlangen, dein Erbteil von Anbeginn zu vernichten. 17g Verachte nicht dein Eigentum, das du dir vom Land Ägypten losgekauft hast. 17h Erhöre mein Flehen und erbarme dich deines Besitzes. Wandle unsere Trauer in Freude, damit wir leben und deinem Namen lobsingen können, Herr! Vernichte nicht den Mund derer, die dich preisen.
17i Ganz Israel schrie mit ganzer Kraft, da ihnen ihr Tod vor Augen stand. 17k Auch die Königin Esther wurde von Todesangst ergriffen und suchte Zuflucht beim Herrn. Sie legte ihre Prunkgewänder ab und zog die Kleider der Notzeit und Trauer an. Statt der kostbaren Salben legte sie Asche und Staub auf ihr Haupt. Sie vernachlässigte ihren Körper, und wo sie sonst ihr prunkvoller Schmuck zierte, hingen jetzt ihre Haare in Strähnen herab. Und sie betete zum Herrn, dem Gott Israels:

17l Mein Herr, unser König bist nur du! Hilf mir, die ich einsam bin und keine Hilfe habe außer dir. Die Gefahr steht greifbar vor mir. 17m Ich hörte von Geburt an im Geschlecht meiner Familie, daß du, Herr, Israel aus allen Völkern erwählt und unsere Väter aus all ihren Vorfahren zum ewigen Erbteil angenommen und ihnen das erfüllt, was du verheißen hast. 17n Jetzt aber haben wir vor dir gesündigt, und du gabst uns in die Gewalt unserer Feinde, da wir ihre Götter verehrt haben. Gerecht bist du, Herr! 17o Jetzt aber begnügen sie sich nicht mit unserer harten Knechtschaft, sondern legten ihre Hände zum Schwur in die Hände ihrer Götterbilder, die Bestimmung deines Mundes aufzuheben, dein Erbteil zu vernichten, den Mund derer zu verschließen, die dich loben, und den Ruhm deines Hauses und deines Altares auszulöschen, 17p den Mund der Heidenvölker zum Lobpreis der nichtigen Götzen zu öffnen und bewundern zu lassen auf ewig einen sterblichen König. 17q Übergib dein Zepter nicht den Nichtsen! Sie sollen nicht lachen über unseren Fall! Vielmehr wende ihren Plan gegen sie! Jenen aber, der gegen uns begonnen hat, mach zum Strafbeispiel! 17r Gedenke, Herr, und offenbare dich zur Zeit unserer Drangsal! Verleihe mir Mut, du König der Götter und Beherrscher jeder Macht. 17s Lege mir in Gegenwart des Löwen (Königs) die passenden Worte in den Mund und stimme sein Herz um, damit er unseren Feind haßt und ihn und seine Freunde vernichtet. 17t Uns aber errette durch deine Hand und hilf mir, der Einsamen, die niemanden hat als nur dich, Herr! 17u Du weißt alles und du weißt auch, daß ich die Herrlichkeit der Gesetzlosen hasse und das Ehebett der Unbeschnittenen und eines jeden Fremden verabscheue. 17v Du kennst meine Not, daß ich das Zeichen meiner Hoheit verabscheue, das an den Tagen meines öffentlichen Auftretens auf meinem Haupt ist. 17w Ich verabscheue es wie ein durch die monatliche Reinigung beschmutztes Tuch und trage es nicht in den Tagen meiner Ruhe. 17x Deine Dienerin aß nicht am Tische Hamans, verherrlichte nicht des Königs Gastmahl, noch genoß ich Opferwein. 17y Seit deine Magd hierher kam, bist du für sie der einzige Grund, sich zu freuen, Herr, du Gott Abrahams. 17z Gott, der du stärker bist als alle, höre die Stimme der Verzweifelten und rette uns aus der Gewalt der Übeltäter! Befreie mich von meiner Angst!

Die Königin vor dem König

5 1a *Als sie* am dritten Tag *das Gebet beendet hatte, zog sie die Kleider ihrer Trauer aus* und legte ihre königlichen Prachtgewänder an. *Als sie herrlich geschmückt war und den alles sehenden Gott und Retter angerufen hatte, nahm sie die beiden Dienerinnen mit sich. Auf die eine stützte sie sich, als ob sie schwach wäre; die andere aber folgte ihr und trug die Schleppe ihres Kleides.* 1b Sie selbst erstrahlte in ihrer blühenden Schönheit. Ihr Antlitz war heiter und voller Liebreiz, ihr Herz aber war von Furcht gelähmt. 1c Als sie alle Türen durchschritten hatte, trat sie vor den König. Er saß auf seinem Königsthron *und hatte sein volles Prachtgewand angelegt, ganz in Gold und Edelsteinen. Sein Anblick war furchterregend. 1d Er erhob sein Antlitz, das in Herrlichkeit erstrahlte, und blickte in grimmigem Zorn auf. Da fiel die Königin um und wechselte in der Ohnmacht die Farbe. Sie neigte sich nieder auf das Haupt der Dienerin, die vorausging. 1e Da wandelte Gott den Geist des Königs* und neigte ihn zur Milde. *Voller Unruhe sprang er von seinem Thron auf und nahm sie in seine Arme, bis sie sich erhob. Dann mahnte er sie mit freundlichen Worten und sprach zu ihr: »Was ist dir, Esther? Ich bin dein Bruder. Sei getrost. Du wirst nicht sterben. Denn unser Befehl gilt im Allgemeinen. So tritt herzu.« 2 Dann nahm er das goldene Zepter und legte es auf ihren Hals, küßte sie und sprach: »Sprich zu mir!« 2a Da sprach sie zu ihm: »Ich schaute dich, Herr, wie einen Engel Gottes. Da wurde mein Herz aus Furcht vor deiner Herrlichkeit verwirrt. Denn du bist wunderbar, Herr, und dein Antlitz ist voller Anmut.« 2b Als sie so redete, fiel sie ohnmächtig zusammen. Da geriet der König in*

Schrecken, und seine ganze Dienerschaft redete ihr zu. 3 Dann sprach der König zu ihr: »Was ist dir, Königin Esther? Was ist dein Begehren? Bis zur Hälfte des Königreiches sei es dir erfüllt.« 4 Esther antwortete: »Wenn es dem König zusagt, komme der König heute mit Haman zum Mahl, das ich bereitet habe!« 5 Da befahl der König: »Ruft schnell Haman herbei, um der Bitte Esthers zu entsprechen!« So kamen der König und Haman zum Mahl, das Esther bereitet hatte.

6 Beim Wein sprach der König zu Esther. »Was ist deine Bitte? Sie sei dir gewährt. Was ist dein Begehren? Bis zur Hälfte des Königreiches sei sie erfüllt!« 7 Esther sprach: »Meine Bitte und mein Begehren sind: 8 Wenn ich in den Augen des Königs Gefallen gefunden habe und es dem König zusagt, meine Bitte zu gewähren und mein Begehren zu erfüllen, dann komme der König mit Haman zu dem Mahl, das ich ihnen bereiten werde! Morgen will ich dann dem Wunsch des Königs nachkommen.«

9 An diesem Tag ging Haman in guter Laune hinaus. Als aber Haman Mordechai beim Königstor sah, wie er nicht aufstand und keine Furcht vor ihm zeigte, wurde er mit Zorn gegen Mordechai erfüllt. 10 Doch er beherrschte sich und ging heim. Er ließ seine Freunde und seine Frau Seresch kommen. 11 Haman erzählte ihnen vom Glanz seines Reichtums, der Menge seiner Söhne und von allem, womit der König ihn ausgezeichnet hatte, ja daß ihn der König über die Fürsten und Diener des Königs erhöht hatte. 12 Ferner sprach Haman: »Sogar die Königin Esther hat niemanden als nur mich eingeladen, um mit dem König zu dem Festmahl zu kommen, das sie bereitet hatte. Auch morgen bin ich mit dem König bei ihr eingeladen. 13 Aber all das genügt mir nicht, solange ich den Juden Mordechai am Königstor sitzen sehe.« 14 Da sprachen seine Frau Seresch und all seine Freunde zu ihm:

»Man errichte einen Pfahl von fünfzig Ellen Höhe! Sprich dann morgen früh mit dem König, daß man Mordechai an ihm aufhängen soll! So kannst du frohen Sinnes mit dem König zum Festmahl gehen!« Haman gefiel der Plan, und er ließ den Pfahl aufrichten.

Die Vergeltung der Juden

Haman in einer komischen Lage

6 1 In dieser Nacht konnte der König nicht einschlafen. Er ließ sich das Buch der Denkwürdigkeiten, die Chronik, bringen. Man las sie dem König vor. 2 Da fand sich aufgezeichnet, daß Mordechai die beiden königlichen Eunuchen Bigtan und Teresch von den Torhütern angezeigt hatte, weil sie dem König Achaschwerosch nach dem Leben getrachtet haben. 3 Da sprach der König: »Was hat Mordechai als Ehre und Anerkennung dafür erhalten?« Die Diener des Königs, die um ihn waren, antworteten: »Er hat nichts erhalten.« 4 Da sprach der König: »Wer ist im Vorhof?« Haman war soeben in den äußeren Vorhof gekommen, um dem König vorzuschlagen, Mordechai soll an dem Pfahl hängen, den er für ihn errichtet hatte. 5 Da sagten die Diener des Königs: »Siehe, Haman steht im Hof!« Der König befahl: »Er soll kommen!« 6 Sobald Haman eingetreten war, sprach der König zu ihm: »Was soll man mit dem Mann tun, an dessen Ehrung der König Gefallen findet?« Da dachte Haman bei sich: »Wem kann der König mehr Ehre erweisen wollen als mir?« 7 Deswegen antwortete Haman dem König so: »Dem Mann, den der König ehren will, 8 soll man ein königliches Gewand bringen, das der König selbst getragen hat, und ein Pferd, das der König selbst geritten hat und auf dessen Haupt eine Königskrone gesetzt ist. 9 Gewand und Pferd übergebe man einem der vornehmen Fürsten des Königs und bekleide den Mann, den der König ehren will, und lasse

Tafel I Felsenrelief von Bisotun: König Dareios

Tafel II Marc Chagall: König Achaschwerosch vertreibt die Königin Waschti

Tafel III Marc Chagall: Esther und Mordechai

Tafel IV Marc Chagall: Esthers Audienz beim König Achaschwerosch

Tafel V Marc Chagall: Die Königin Esther klagt Haman an

Tafel VI Fresko von Dura-Europos: Gesamtansicht des Esther-Zyklus

Tafel VII Fresko von Dura-Europos: Der Widerruf des Judenerlasses

ihn auf dem Pferd am Platz der Stadt reiten und vor ihm ausrufen: ›So geschieht dem Mann, an dessen hoher Ehrung der König Gefallen findet‹.« 10 Da sprach der König zu Haman: »Nimm schnell das Gewand und das Pferd, wie du mir geraten hast, und verfahre so mit dem Juden Mordechai, der am Tor des Königspalastes sitzt, nichts bleibe unberücksichtigt von allem, was du gesagt hast!«

11 Da nahm Haman das Gewand und das Pferd, bekleidete Mordechai, ließ ihn auf dem Platz der Stadt reiten und rief vor ihm aus: »So geschieht dem Mann, an dessen Ehrung der König Gefallen findet!« 12 Danach ging Mordechai zur Königspforte. Haman eilte traurig und verhüllten Hauptes in sein Haus. 13 Er erzählte seiner Frau Seresch und seinen Freunden alles, was ihm zugestoßen war. Da antworteten ihm seine Freunde und seine Frau Seresch: »Wenn Mordechai, vor dem du schon zu fallen beginnst, aus dem Stamm der Juden ist, kannst du ihm nichts anhaben. Vielmehr wirst du sicher vor ihm zu Fall kommen.«

Während sie noch sprachen, kamen die königlichen Eunuchen, um Haman zum Festmahl zu holen, das Esther bereitet hatte.

Haman bei Esthers Festmahl

7 1 Der König und Haman kamen zu dem Mahl, das die Königin Esther gab. 2 Auch an diesem zweiten Tag sprach der König beim Wein zu Esther: »Was ist deine Bitte, Königin Esther? Sie sei dir erfüllt! Was ist dein Begehren? Bis zur Hälfte des Reiches sei es gewährt!« 3 Da antwortete die Königin: »Wenn ich Gnade vor dir gefunden habe, o König, und wenn es dem König gut dünkt, werde mir auf meine Bitte hin mein Leben geschenkt und mein Volk nach meinem Wunsch! 4 Denn wir wurden verkauft, ich und mein Volk, zur Vernichtung, Ermordung und

Ausrottung. Wenn wir nur als Sklaven und Sklavinnen verkauft würden, hätte ich geschwiegen. Denn diese Bedrängnis wäre nicht wert, um den König zu belästigen.
5 Da sprach der König ungestüm auf die Königin ein:
»Wer ist der Mensch und wo ist er, der es wagt, solches
Taf. V zu tun?« 6 Esther antwortete: »Der gefährliche und böse
Feind ist Haman!« Da erschrak Haman vor dem König
und vor der Königin. 7 Zornig erhob sich der König vom
Weingelage und ging in den Garten des Palastes. Haman
aber bedrängte Esther und flehte sie um sein Leben an;
denn er sah, daß sein Untergang beim König beschlossen
war. 8 Als der König vom Garten zum Festmahl zurück-
kam, hatte sich Haman auf das Ruhebett geworfen, auf
dem Esther lag. Da schrie der König: »Will man die Köni-
gin bei mir im Hause vergewaltigen?« Der König hatte
noch nicht ausgesprochen, da verhüllte man schon das
Gesicht Hamans. 9 Harbona, einer der Eunuchen, wen-
dete sich dem König zu: »Siehe, schon steht im Hause
Hamans der fünfzig Ellen hohe Pfahl, den Haman für
Mordechai aufstellen ließ, der ein gutes Werk für den
König vollbracht hatte.« Da befahl der König: »Hängt ihn
daran auf!« 10 Da hängte man Haman an den Pfahl, den
er für Mordechai errichtet hatte. Dann ließ der Zorn des
Königs nach.

Die Juden in der Gunst des Königs

8 1 Noch am gleichen Tag schenkte der König Ach-
aschwerosch der Königin Esther das Haus des Judenfein-
des Haman. Mordechai erhielt Zutritt zum König, denn
Esther hatte dem König bekannt, was Mordechai für sie
bedeutete. 2 Der König nahm den Siegelring ab, den er
Haman weggenommen hatte, und gab ihn Mordechai.
Esther aber bestellte Mordechai über das Haus Hamans.
**3 Esther sprach nochmals beim König vor und fiel ihm
zu Füßen. Sie weinte und flehte ihn um Erbarmen an,**

um das Unheil des Agagiters Haman und seinen Plan gegen die Juden abzuwenden. 4 Da streckte der König Esther das goldene Zepter hin. Sie erhob sich und trat vor dem König. 5 Sie sprach: »Wenn es der König billigt und wenn ich vor ihm Gnade erlangt habe und die Sache dem König angenehm ist und ich bei ihm Gefallen gefunden habe, dann sollen Schreiben verfaßt werden, um die Briefe zu widerrufen, die der Agagiter Haman, der Sohn des Hammedata, in der Absicht geschrieben hatte, die Juden in allen königlichen Provinzen auszurotten. 6 Wie könnte ich das Unglück, das über mein Volk kommt, wie könnte ich den Untergang meines Stammes mitansehen?« 7 Da sprach König Achaschwerosch zur Königin Esther und zum Juden Mordechai: »Siehe, das Haus Hamans habe ich Königin Esther geschenkt, und Haman selber habe ich am Pfahl aufhängen lassen, da er seine Hand gegen die Juden ausgestreckt hatte. 8 Bezüglich der Juden könnt ihr nun im Namen des Königs schreiben, was euch gut scheint. Siegelt mit dem königlichen Siegelring. Denn ein Schreiben, das im Namen des Königs verfaßt und mit dem königlichen Siegelring gesiegelt ist, kann nicht zurückgenommen werden.« 9 Dann rief man die königlichen Schreiber; es war der dreiundzwanzigste Tag im dritten Monat, dem Monat Siwan. Wie es Mordechai befahl, wurde zugunsten der Juden ein Reskript herausgegeben und an die Satrapen, Statthalter und Fürsten der Provinzen von Indien bis Ägypten, hundertsiebenundzwanzig Provinzen, an jede Provinz in ihrer Schrift, an jedes Volk in seiner Sprache und an die Juden in ihrer Schrift und Sprache gerichtet. 10 Er schrieb im Namen des Königs Achaschwerosch und siegelte mit dem königlichen Siegelring. Die Schreiben schickte er durch berittene Eilboten, die auf Pferden edelster Abstammung aus

den Gestüten ritten: 11 Der König habe den Juden in den einzelnen Städten gestattet, sich zu versammeln und ihr Leben zu verteidigen sowie alle bewaffnete Macht des Volkes und der Provinz, die sie bekämpfen sollten, samt Kindern und Frauen zu vernichten und, was zu erbeuten sei, zu plündern 12 an einem und demselben Tag in allen Provinzen des Königs Achaschwerosch, am dreizehnten des zwölften Monats, das ist der Monat Adar.

Erlaß zugunsten der Juden

12a Die Abschrift des Briefes ist folgende:
12b Der Großkönig Artaxerxes entbietet den Beherrschern der hundertsiebenundzwanzig Satrapien von Indien bis Äthiopien und jenen, die sich um unsere Angelegenheiten kümmern, Gruß. 12c Viele, die durch die übergroße Güte ihrer Wohltäter zu sehr geehrt wurden, trachteten nach Höherem. Sie suchen nicht nur unsren Untertanen Schaden zuzufügen, da sie die Überfülle nicht ertragen können, sondern sie beginnen sogar, gegen ihre Wohltäter heimtückisch vorzugehen. 12d Indem sie nicht nur die Dankbarkeit von den Menschen nehmen, sondern auch durch die Lobhudeleien der im Guten Unerfahrenen überheblich geworden sind, versuchen sie es, dem das Böse hassenden Gericht des immerdar alles schauenden Gottes zu entfliehen. 12e Oft aber hat auch viele Lenker der Staatsgewalt die Überredung der Freunde, die mit der Führung von Staatsgeschäften beauftragt waren, zu Mitschuldigen an unschuldigem Blut gemacht. 12f So sind sie in unheilbares Unglück gestürzt, indem jene durch böswillige Lüge die reine Gesinnung der Herrscher betrügerischerweise täuschten. 12g Man kann das nicht so sehr aus den alten Geschichten ersehen, die man uns überliefert hat, sondern durch Beachtung dessen, was vor uns liegt, was verbrecherischerweise auf Befehl der Machthaber an Freveln vollbracht worden ist. 12h Wir müssen für die Zukunft darauf achten, das Reich unerschütterlich allen Menschen in Frieden zu erhalten, 12i indem wir den Verleumdungen kein

Gehör schenken, jedoch das unter die Augen Kommende immerdar mit entsprechender Milde beurteilen.
12k So wurde auch der Mazedonier Haman, der Sohn des Hammedata, der in Wahrheit dem persischen Blut fremd und von unserer Güte weit entfernt ist, gastlich aufgenommen. 12l Er erfuhr die Menschenfreundlichkeit, die wir gegen jedes Volk hegen, in solchem Maße, daß er als unser Vater öffentlich ausgerufen und von allen ständig als die zweite Person nach dem königlichen Thron verehrt wurde. 12m Da er aber den Hochmut nicht bezähmen konnte, strebte er danach, uns die Herrschaft und das Leben zu rauben, 12n indem er unseren Retter und immerwährenden Wohltäter Mordechai und unsere untadelige Teilhaberin an der Königswürde, Esther, samt ihrem ganzen Volk durch ränkevolle Betrügereien zum Untergang forderte. 12o Denn durch solche Ränke hoffte er, uns einsam zu machen, um dann die Herrschaft über die Perser an die Mazedonier zu übertragen.
12p Wir aber finden, daß die von diesem dreimal frevelhaften Menschen der Vernichtung preisgegebenen Juden keine Verbrecher sind, sondern nach sehr gerechten Gesetzen sich als Bürger betätigen, 12q daß sie Söhne des allerhöchsten, mächtigsten, lebendigen Gottes sind, der sowohl uns als unseren Vorfahren die Herrschaft in bester Ordnung erhalten hat. 12r Ihr tut gut daran, euch nicht nach den von Haman, dem Sohn des Hammedata, gesandten Schreiben zu richten; denn der dies angerichtet hatte, wurde vor den Toren Susas mit seinem ganzen Haus aufgehängt, da der alles beherrschende Gott ihm rasch das verdiente Strafgericht auszahlte. 12s Die Abschrift dieses Briefes sollt ihr an allen Orten veröffentlichen, daß man die Juden ihre eigenen Gesetze gebrauchen lasse und ihnen beistehen soll, um jene von sich abzuwehren, die sie zur Zeit ihrer Drangsal am dreizehnten des zwölften Monats Adar, an eben diesem Tage, angreifen. 12t Diesen hat der alles beherrschende Gott ihnen statt zur Vernichtung des auserwählten Volkes zur Freude

gestaltet. 12u Auch ihr sollt nun an euren namentlich bezeich-
neten Festen einen besonderen ausgezeichneten Tag mit aller
Frömmigkeit begehen, damit er jetzt und später uns und allen
wohlgesinnten Persern Heil bedeute, jenen aber, die uns auf-
lauerten, ein Denkmal des Unterganges sei.
12v Jede Stadt oder Landschaft ohne Ausnahme, die nicht
danach handelt, soll durch Speer und Feuer furchtbar verwüstet
werden. Nicht nur den Menschen soll sie unzugänglich sein,
sondern auch von den wilden Tieren und Vögeln für immer aufs
äußerste verabscheut werden.
13 Der Wortlaut dieses Reskriptes wurde als Gesetz in
jeder einzelnen Provinz veröffentlicht und bei allen Völ-
kern bekanntgemacht, damit die Juden für diesen Tag
bereit seien, sich an ihren Feinden zu rächen. 14 Die Eil-
boten, die auf Rossen edelster Abstammung aus den
Gestüten ritten, zogen auf Befehl des Königs in großer
Eile aus. Das Gesetz wurde auch in der Stadt Susa ver-
öffentlicht. 15 Mordechai kam vom König in purpur-
blauem und weißlinnenem königlichen Gewand mit
einer großen goldenen Krone und einen Mantel aus
Byssus und rotem Purpur. Susa jubelte und freute sich.
16 Den Juden aber wurde Licht und Freude, Fröhlichkeit
und Herrlichkeit zuteil. 17 In jeder einzelnen Provinz
und jeder einzelnen Stadt, wohin der Befehl des Königs
und sein Gesetz gelangten, herrschte bei den Juden
Freude und Fröhlichkeit, Festmahl und Feiertag. Viele
aus den Völkern der Länder bekehrten sich zum Juden-
tum; denn der Schrecken vor den Juden war über sie
gekommen.

Der große »Los«-Tag

9 1 Im zwölften Monat – das ist der Monat Adar –, am
dreizehnten Tag in ihm, als das Wort des Königs und sein
Gesetz ausgeführt werden sollten, an dem Tag, da die
Feinde der Juden erwartet hatten, sie zu überwältigen,

hatte es sich umgekehrt, so daß die Juden selber über ihre Hasser Herr wurden. 2 Die Juden versammelten sich in ihren Städten in allen Provinzen des Königs Achaschwerosch, um gegen jene, die ihr Unheil suchten, die Hand zu erheben. Niemand aber konnte vor ihnen bestehen; denn der Schrecken vor ihnen war über alle Völker gekommen. 3 Alle Fürsten der Provinzen, die Satrapen und die königlichen Beamten unterstützten die Juden; denn die Furcht vor Mordechai hatte sie befallen. 4 Mordechai war nämlich einflußreich im Königspalast, und sein Ruf war in alle Provinzen gedrungen; denn der Mann Mordechai wurde immer mächtiger.

5 So metzelten die Juden alle ihre Feinde mit dem Schwert nieder; es gab ein großes Blutbad. Sie verfuhren mit ihren Gegnern nach ihrer Willkür. 6 In der Stadt Susa ermordeten die Juden fünfhundert Mann: 7 den Parschandata, Dalfon, Aspata, 8 Porata, Adalja, Aridata, 9 Parmaschta, Arisai, Aridai und Wajesata. 10 Ebenso ermordeten sie die zehn Söhne des Judenfeindes Haman, des Sohnes des Hammedata. Aber ihren Besitz rührten sie nicht an.

11 Als man an jenem Tag dem König meldete, wie viele Menschen in der Stadt Susa erschlagen worden waren, 12 sagte er zur Königin Esther: »In der Stadt Susa haben die Juden ein Blutbad angerichtet; man hat fünfhundert Menschen, darunter auch die zehn Söhne Hamans, umgebracht. Was haben sie dann wohl in den übrigen königlichen Provinzen getan? Hast du einen Wunsch? Er wird dir erfüllt werden. Hast du eine Bitte? Sie soll erfüllt werden.« 13 Esther erwiderte: »Wenn es dem König gefällt, soll den Juden in Susa erlaubt werden, auch morgen nach dem Gesetz von heute zu handeln. Außerdem soll man die zehn Söhne Hamans an den Galgen hängen.« 14 Der König befahl, es solle geschehen. Man gab

also in Susa noch ein Reskript heraus. Die zehn Söhne Hamans wurden aufgehängt. 15 Auch am 14. Tag des Monats Adar versammelten sich die Juden von Susa und töteten in Susa dreihundert Mann; aber ihren Besitz rührten sie nicht an.

16 Auch die anderen Juden in den königlichen Provinzen kamen zusammen und verteidigten sich. Sie nahmen Rache an ihren Feinden und ermordeten von ihren Hassern fünfundsiebzigtausend. Ihren Besitz aber rührten sie nicht an. 17 Dies geschah am dreizehnten Tage des Monats Adar. Am Vierzehnten aber ruhten sie und gestalteten ihn zu einem Tag des Festmahls und der Freude. 18 Die Juden von Susa dagegen versammelten sich am dreizehnten und vierzehnten desselben Monats; am fünfzehnten ruhten sie aus und machten ihn zum Tag eines frohen Festmahls. 19 Darum feiern die Juden auf dem Land, die in den offenen Ortschaften wohnen, den vierzehnten Tag des Adar durch frohes Festmahl und als einen Feiertag, an dem sie sich gegenseitig Geschenke zusenden.

19a Dagegen ist für die in den Städten lebenden Juden der fünfzehnte Adar der fröhliche Tag, den sie in Freude begehen und an dem sie ihren Nachbarn Geschenke bringen.

Das Purim-Fest

Die Einführung des Festes

20 Mordechai schrieb alles auf, was sich ereignet hatte. Er schickte Schreiben an alle Juden in allen Provinzen des Königs Achaschwerosch, nah und fern. 21 Er verpflichtete sie, alljährlich immerdar den vierzehnten und den fünfzehnten Tag des Adar zu feiern, 22 gemäß den Tagen, an denen die Juden vor ihren Feinden Ruhe fan-

den, und gemäß dem Monat, der ihnen vom Schmerz zur Freude, von der Trauer zu einem Festtag umgewandelt worden war, damit sie diese als Tage des Festmahls feiern, sich gegenseitig Geschenke und den Armen Gaben zusenden sollten. 23 Die Juden nahmen an, was sie bereits zu tun begonnen hatten und was Mordechai ihnen geschrieben hatte: 24 »Der Agagiter Haman, der Sohn des Hammedata, der Feind aller Juden, hatte gegen die Juden den Plan gefaßt, sie zu vernichten. Er hatte das »Pur«, das ist das Los, geworfen, um sie aufzureiben und zu vernichten. 25 Als er aber vor den König kam, ihn zu bitten, Mordechai aufhängen zu lassen, da kehrte sich sein böser Plan, den er gegen die Juden ersonnen hatte, gegen ihn selbst, und er wurde samt seinen Söhnen am Pfahl aufgehängt. 26 Deshalb nennt man diese Tage Purim nach dem Wort ›Pur‹.« Wegen aller Worte dieses Briefes und dessen, was sie erlebt und gesehen hatten, 27 verpflichteten sich die Juden für sich, ihre Nachkommen und alle, die sich ihnen anschließen würden, den festen Brauch einzuhalten und diese beiden Tage in jedem Jahr zu feiern, wie es Mordechai in seinem Schreiben an sie angeordnet hatte. 28 Diese Tage sollten in Erinnerung bleiben und in allen Geschlechtern, Stämmen, Provinzen und Städten begangen werden. Diese Purimtage sollten aus der Mitte der Juden nie schwinden und ihr Andenken von ihren Nachkommen nicht weichen. 29 Um das Purim-Schreiben mit allem Nachdruck zu bestätigen, schrieb die Königin Esther, die Tochter des Abihajil, Briefe 30 an alle Juden in den hundertsiebenundzwanzig Provinzen des Reiches des Achaschwerosch, Worte des Friedens und der Treue, 31 um die Purim-Tage zu ihren Festzeiten zu machen, wie es ihnen der Jude Mordechai bestimmt hatte und wie er sie und ihre Nachkommen verpflichtet hatte, indem er die Bestimmungen über das Fasten und das Wehklagen hinzugefügt hatte. 32 Esthers Befehl setzte die Purim-Tage ein; alles wurde in einem Buch eingetragen.

Lob auf Mordechai

10 1 König Achaschwerosch legte dem Land und den Inseln des Meeres Tribut auf. 2 Alle Taten seiner Macht und Heldenstärke sowie der genaue Bericht über die hohe Stellung des Mordechai, die ihm der König verliehen hatte, sind aufgezeichnet in der Chronik der Könige von Medien und Persien; 3 denn der Jude Mordechai war der zweite Mann nach dem König. Er war bei den Juden angesehen und beliebt bei allen seinen Brüdern. Er kümmerte sich um sein Volk und war auf das Wohl aller seiner Nachkommen bedacht.

3a Mordechai sprach: »Dies ist von Gott bewirkt. 3b Denn ich gedachte des Traumgesichts, das ich über diese Geschehnisse geschaut habe. Davon ist nämlich nichts unerfüllt geblieben. 3c Die kleine Quelle, die zum Strom wurde – Licht und Sonne und viel Wasser waren vorhanden –, der Strom ist Esther, die der König heiratete und zur Königin machte. 3d Die zwei Drachen sind ich und Haman. 3e Die Völker aber sind jene, die sich zusammentaten, den Namen der Juden auszurotten. 3f Mein Volk aber, das ist Israel, jene, die zu Gott riefen und gerettet wurden. Der Herr errettet sein Volk, und es befreite uns der Herr von all diesen Übeln. Gott wirkte große Zeichen und Wunder, die unter den Heidenvölkern noch nicht geschehen waren. 3g Deshalb machte er zwei Lose, eines für das Gottesvolk und eines für die Heiden. 3h Diese beiden Lose kamen zur Stunde und Zeit und zum Gerichtstag vor Gott und über alle Heidenvölker. 3i Da gedachte Gott seines Volkes und verschaffte seinem Erbteil Recht. 3k Sie sollen diese Tage im Monat Adar, am vierzehnten und fünfzehnten eben dieses Monats, mit Festen, Freude und Frohsinn vor Gott in allen Geschlechtern für immer in seinem Volk Israel feiern.«

31 Im vierten Jahr der Regierung des Ptolemäus und der Kleopatra überbrachten Dositheus, der von sich behauptete, er sei Priester und Levit, und sein Sohn Ptolemäus den obigen Purim-Brief. Sie bezeugen seine Echtheit. Lysimachus, der Sohn des Ptolemäus, ein Mann aus Jerusalem, habe ihn übersetzt.

Kapitel 2

Das Persische Grossreich und die Esther-Rolle

Beim Lesen des vorausgegangenen Textes ist klar geworden, daß der Erzähler den Eindruck vermitteln möchte, die geschilderten Ereignisse hätten sich tatsächlich im Perserreich unter den Königen Achaschwerosch (hebräische Fassung) und Artaxerxes (griechische Fassung) so zugetragen. Achaschwerosch ist die hebräische Form für den Namen des Großkönigs Xerxes I.
Es scheint daher ratsam zu sein, einen Blick auf das persische Großreich dieser Zeit zu werfen, um mit Hilfe von zeitgenössischen Quellen einen Eindruck von der tatsächlichen Situation zu erlangen.

Die Religionspolitik von Kyros II. bis Artaxerxes I.

Mit Kyros II. (559–530 v. Chr.) beginnt im vorderasiatischen Raum eine Religionspolitik, die es vor ihm noch nie gegeben hat. Seine außerpolitischen Erfolge: die Vereinigung von Medien und Persien, das Niederringen des Lyderreiches mit seiner Hauptstadt Sardes im November 545 v. Chr. und seine Einnahme Babylons im Jahre 539 v. Chr. schufen die äußeren Grundlagen für ein neues Weltreich, das in seiner imposanten Größe bis an die

Grenzen Ägyptens der Orient noch nie gesehen hatte. Dieses Mega-Reich beruhte aber nicht wie frühere Großreiche dieser Region auf den militärischen Erfolgen des genialen Großkönigs, sondern auf seiner ethischen Grundhaltung, der Toleranz gegenüber anderen Religionen. Dieser ethisch-religiöse Pfeiler, auf dem sein Werk gründete, war die Lehre des Propheten Zarathustra. Wenngleich es sich wegen der unsicheren Datierung Zarathustras nicht genau erweisen läßt, ist die Annahme, daß Kyros dem Propheten selber begegnet und von ihm zu seinem monotheistischen Glauben an Ahura Mazda, den Allweisen Herrn, den Himmels- und Schöpfergott, bekehrt worden sei, nicht völlig auszuschließen.

»Die geschichtliche Gestalt Kyrus II. hat etwas eigentümlich Helles, Ritterliches und wohltuend Menschliches. Seiner Ausstrahlung haben sich selbst die Griechen, gleichermaßen die ›Erbfeinde‹ der Perser, nicht entziehen können.« (Hinz I 1976: 80)

Kambyses wird Nachfolger des Kyros

Noch bevor Kyros gegen die Skythen zu Felde zog, bestimmte er seinen älteren Sohn Kambyses zum Erben. Als Kyros im Juli 530 v. Chr. bei diesem Feldzug ums Leben kam, war daher die Thronfolge geregelt. Der Sohn war jedoch anders geartet als sein Vater, argwöhnisch und eifersüchtig gegen seinen jüngeren Bruder Bryda. Vor seinem Ägyptenfeldzug ließ er Bryda im Frühjahr des Jahres 525 v. Chr. ermorden. Noch in Ägypten erreichte Kambyses die Nachricht von Aufständen in Persien: Am 11. März 522 v. Chr. hatte sich der Magier Gaumata unter dem Namen des ermordeten Prinzen Bryda zum Gegenkönig ausrufen lassen. Dies war nur deshalb möglich, weil der Brudermord offiziell völlig geheimgehalten wurde. Der Magier Gaumata benutzte den einst überaus beliebten Bryda und fand vor allem außerhalb des persischen Kernlandes große Zustimmung. Die einschneidendste Maßnahme des Usurpators war der Versuch, die zarathustrischen Heiligtümer (Feuerbewahrungstürme) schleifen zu lassen. Mit diesem äußeren Zeichen war sein Programm der Rückkehr zur altiranischen Religion und die Rehabilitierung ihrer Priester, der Magier, umrissen. Angesichts dieser Lage mußte Kambyses vor seinem Heer eingestehen, seinen Bruder ermordet zu haben. Der Gegenkönig »Bryda« konnte daher nicht sein Bruder sein. Es mußte sich um einen Betrüger handeln. Das Militär nahm diese Erklärung des Großkönigs knirschend zur Kenntnis. Kambyses konnte aber gegen seinen Rivalen Gaumata nichts mehr ausrichten, da er nach einer relativ harmlosen Verletzung mit dem eigenen Kurzschwert an Blutvergiftung im Jahre 522 v. Chr. starb.

Regierungsantritt des Dareios

Dareios, der aus der jüngeren Linie der Achämeniden stammte und lange im Stab des Kambyses diente, war der nächste legitime Thronanwärter. Er versuchte energisch die alte Ordnung herzustellen. Dareios schildert selbst die fast aussichtslose Lage bei seinem Regierungsantritt: »Keiner fand sich, der etwas unternommen hätte, weder ein Perser noch ein Meder und auch keiner aus unserer Sippe, um dem Magier Gaumata die Königsherrschaft zu entreißen. Das Heervolk fürchtete sich gewaltig, weil er viele umbringen ließ, welche früher den Bryda gekannt hatten. Deshalb brachte er viele um, weil er sich sagte: ›Die dürfen von mir nicht merken, daß ich gar nicht Bryda bin, des Kyrus Sohn!‹ Keiner wagte, etwas gegen Gaumata vorzubringen, bis ich kam.« (Hinz I 1976: 136)

In einem Handstreich mit einigen Getreuen gelang es schließlich Dareios in die sogenannte Kiesburg in der Gegend von Bisotun, wo der Gegenkönig residierte, einzudringen. Dareios berichtet:

»Nach dem Willen des Allweisen Herrn habe ich am 10. des Monats Gartenhege [= 29. September 522] mit wenigen Männern Gaumata den Magier erschlagen samt dessen vornehmsten Gefolgsleuten.« (Hinz I 1976: 143)

Weiterhin schildert die große Inschrift von Bisotun:

»In der Kiesburg in der Landschaft Nisaya in Medien, dort erschlug ich Gaumata und entriß ihm die Königsherrschaft . . . Mir hat der Allweise Herr die Königsherrschaft verliehen. Sie war unserem Geschlecht geraubt worden, doch ich gewann sie zurück und setzte sie an ihren Platz so wie früher.« (Hinz I 1976: 145)

Abb. 1
Taf. I

Das große Relief von Bisotun zeigt den Sieg über den Magier: Dareios hält in seiner linken Hand einen Bogen und stützt seinen linken Fuß auf den am Boden liegenden Gaumata. Hinter Gaumata acht Gefangene, hinter Dareios sein Bogenträger Vindafarnah und sein Lanzenträger Gaubarva, seine wichtigsten Mitstreiter. Über der ganzen Szene schwebt das Symbol des Staatsgottes Ahura Mazda, dessen Oberkörper anthropomorph dargestellt, während sein Unterkörper fächerartig aufgefaltet ist. Die Platte zwischen Ober- und Unterkörper trennt die himmlische von der irdischen Sphäre. Der Großkönig hat seine Rechte zu Ahura Mazda erhoben: ein Bittgestus, um die Herrschaft von der Gottheit zu empfangen.

Dareios' Herrschaft als Geschenk Gottes

Sowohl in der Inschrift als auch im Relief ist das kommende Programm des großen Dareios enthalten: seine kommende Königsherrschaft ist Geschenk Gottes, und sie hat nur Legitimität, wenn sie im Sinne des Allweisen Herrn ausgeübt wird.

Nach fast übermenschlicher Anstrengung gelang es Dareios, alle Widerstände zu beseitigen:

»Was ich getan habe, das vollbrachte ich nach dem Willen des Allweisen Herrn in einem einzigen Jahr meines Königtums. In neunzehn Schlachten habe ich nach dem Willen des Allweisen Herrn die Feinde geschlagen und

Abb. 1 Relief des Königs Dareios in Bisotun (Koch 1992: 15 Abb. 5)

ihre neun Könige gefangengenommen.« (Hinz I 1976: 161) Nach der Niederschlagung des dritten elamischen Aufstandes durch den Lanzenträger und Schwiegervater des Königs Gaubarva war das persische Kernland mit Elam um 519 v. Chr. fest in der Hand des Königs. Nicht zuletzt deswegen, um Elam mehr an das Reich zu binden, verbrachte Dareios den Winter 520/19 v. Chr. in Elams Hauptstadt Susa, fortan Winterresidenz der persischen Großkönige.

Hier widmete sich Dareios der Wiederherstellung der alten religiösen Ordnung. Er ließ die zerstörten Feuerbewahrstätten des zarathustrischen Glaubens aufbauen und legte die Grundstruktur der Verwaltung und Bürokratie für das Weltreich fest. Zugleich begann er in Susa mit einer gigantischen Bautätigkeit, die etwas über ein Jahrzehnt andauern sollte.

Es wurde ein neuer Königspalast errichtet, dessen Osttor auf einer massiven Umfassungsmauer aufsaß. In mehreren Inschriften berichtete der Großkönig selbst über dieses gewaltige Projekt. Die Stadt ließ Dareios mit einer 27 m starken Verteidigungsmauer umgeben. *Abb. 2*

Dareios' Persönlichkeit war tief vom Glauben an den Allweisen Herrn des Propheten Zarathustra durchdrungen,

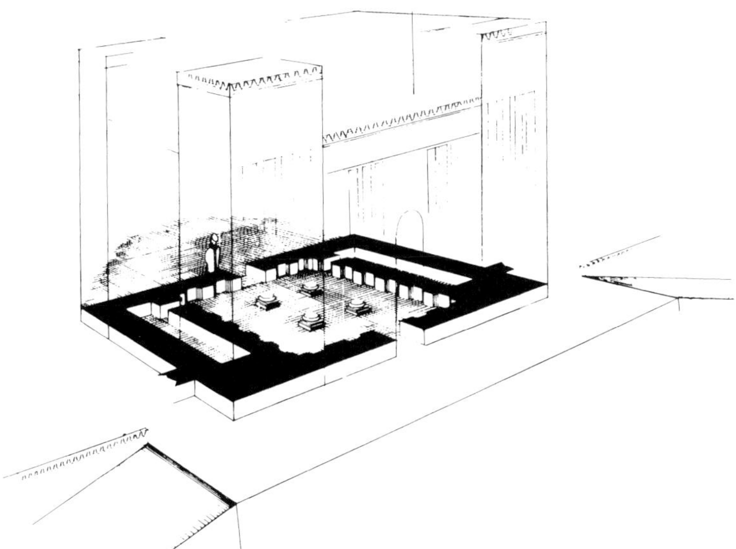

Abb. 2 Osttor des Königspalastes von Susa. Rekonstruktion von J. Perrot und D. Ladiray (Hinz I 1976: 178 Bild 45)

und er bezeugt diesen Glauben bei all seinen verschiedensten Unternehmungen. Für andere Gottheiten war dabei kein Platz, es sei denn, die anderen Götter wurden im Sinne des Propheten (vgl. die letzte Strophe der Gathas) als Geschöpfe Ahura Mazdas verstanden. Doch ähnlich wie sein großer Vorgänger Kyros übte Dareios gegen die Götter seiner anderen Völker Toleranz, auch wenn sie für ihn nur Götzen waren. Auch für die Opfer der fremden Götter ließ Dareios sorgen, allerdings mit der Einschränkung, daß kein Tier geopfert werden dürfe, wie es der Prophet Zarathustra vorgeschrieben hatte.
Keine Duldsamkeit jedoch hatte der König gegen den von Zarathustra abgeschafften und verhaßten Mithra-Kult. Die Heiligtümer des Mithra und der Göttin Anahita wurden in ganz Persien vernichtet.
Ein interessantes Licht wirft auch die Tatsache auf Dareios, daß er zwar den König von Karthago, Hamilkar, für seinen Feldzug gegen Hellas gewinnen wollte, dessen Teilnahme aber davon abhängig machte, daß die Menschenopfer in Karthago eingestellt würden.
Kein anderer Achämenide als Dareios hat das politische wie religiöse Erbe Kyros' des Großen in solcher Integrität verwirklicht.

Xerxes erlangt die Königswürde

Dareios war u. a. mit der Tochter seines Lanzenträgers Gaubarva verheiratet, und es war sein Wunsch, daß sein ältester Sohn Rtabrzana aus dieser Ehe sein Nachfolger werde. Doch seine Hauptfrau, die Kyros-Tochter Atossa, bestand darauf, daß ihr Sohn Xerxes als der eigentliche Kronprinz die Königswürde erlangen müsse. Xerxes konnte daher nach dem Tod seines Vaters im Jahre 486 v. Chr. unangefochten seine Königsherrschaft antreten. Außer dem Kernland Persien umfaßte das Reich nun 31 Satrapien. Schon nach zweijähriger Regierung gab Xerxes die Order zur gewaltigsten Mobilmachung der Antike gegen

Hellas, dessen Niederringung seinem Vater Dareios verwehrt geblieben war und er nun zu erreichen hoffte. Doch 482 v. Chr. brachen in Babylonien Aufstände aus, und es galt, die vier Usurpatoren Bel-schimanni, Schamasch-eriba, Akschimaschku und Schikuschti niederzuringen. Gegen die abtrünnigen Babylonier ging Xerxes mit aller Schärfe vor. Obwohl Xerxes noch als Kronprinz Satrap von Babylonien war und sogar die Vollmacht hatte, den Titel »König von Babylonien« zu führen, mußte er dieses Land nie sehr geliebt haben. Das Vorrecht des babylonischen Satrapen, den Königstitel zu führen, wurde nun aufgehoben, was einer Degradierung der Satrapie gleichkam. Ferner ließ Xerxes das Hauptheiligtum von Babylon, den Marduk-Tempel, schleifen und die sechs Meter hohe Sitzstatue des Gottes Marduk, die aus massivem Gold war, einschmelzen. Der babylonische Hohepriester kam bei dieser Aktion ums Leben.

»Götzeninschrift« des Xerxes

Es wäre wohl kaum richtig, dies als Rache für den Aufstand zu deuten. Xerxes wollte aber offenbar damit den Nerv der Babylonier treffen und ihre für ihn unverständliche Götzenanbeterei. So sagt auch Xerxes in seiner berühmten Daiva – oder Götzeninschrift – in Persepolis: »Da zerstörte ich mit dem Willen des Allweisen Herrn diesen Götzenstall (daivadana) und ließ feierlich verkünden: ›Götzen dürfen nicht angebetet werden!‹ Wo vordem Götzen angebetet wurden, da verehrte ich den Allweisen Herrn gemäß der Rechten Ordnung und als einer, der die Kultvorschriften genau einhält.« (Hinz II 1979: 15f)

Es stellt sich die Frage, ob Xerxes mit dieser Handlung die religionspolitische Toleranz seiner Vorgänger aufgegeben hat. Wenn man diese Frage bejaht, sollte man doch auch bedenken, daß dies die einzige intolerante Handlung des Großkönigs gewesen ist. Es scheint mir nicht, daß Xerxes die grundsätzliche Haltung seiner Vorgänger aufgegeben hat! Wohl aber zeigt die letzte Zeile der oben genannten Inschrift, daß es Xerxes auch um Kultvorschriften ging. Solche waren aber für Zarathustras Lehre, zu der sich Xerxes natürlich bekannte, völlig unerheblich und zeigen vermutlich bereits einen Einfluß der Magierschaft auf den Großkönig.

Im Frühjahr des Jahres 481 v. Chr. startete Xerxes sein hellenisches Abenteuer, das ihm trotz mancher Siege eine endgültige Niederlage in der Seeschlacht von Salamis (480 v. Chr.) und der Landschlacht von Plataiai (479 v. Chr.) brachte. Vorerst schmälerten diese Niederlagen weder das Ansehen des Königs noch des Reiches. Xerxes selbst dürfte jedoch mit diesen Niederlagen nicht fertig geworden sein. Ein Indiz dafür scheint mir zu sein, daß er den von Zarathustra gehaßten Hauma-Rauschtrank an seinem Hof zuließ und damit der Mithra-Kult durch die Hintertür Eingang fand.

Im Jahre 467 v. Chr. plagte Persien eine fürchterliche Hungersnot. Die Kornpreise stiegen auf das Siebenfache. Der Schwarzmarkt blühte. Xerxes tat, was Politiker in einer solchen Lage, der sie nicht mehr Herr werden, zu tun pflegen. Zum Neujahrsfest 466 v. Chr. wechselte er Hunderte Würdenträger und hohe Beamte des Reiches aus. Xerxes erreichte damit nichts mehr. Rtapana, der Befehlshaber der königlichen Garden, und der Eunuch Aspamithra, der Aufseher der Frauengemächer, zettelten gegen den König eine Verschwörung an. Im August des

Xerxes' Ermordung

Jahres 465 v. Chr. ermordete Rtapana den Großkönig in dessen 56. Lebensjahr. Doch auch Rtapana kam nicht zu seinem Ziel. Er versuchte nun, dem Prinzen Artaxerxes vorzulügen, daß der Kronprinz Dareios seinen Vater ermordet habe. Artaxerxes glaubte die Lüge und ermordete daraufhin seinen älteren Bruder Dareios. Leider kam Artaxerxes zu spät hinter diese Lüge. Dann ließ er nach einem Kampf innerhalb der Garde Rtapana wie auch den Eunuchen Aspamithra hinrichten.

Der Charakter und die Religionspolitik Artaxerxes' I. waren mehr durch seinen Großvater Dareios I. denn durch seinen Vater Xerxes I. geprägt. Die Ironie des Lebens fügte es, daß gleich zu Beginn der Regierungszeit Artaxerxes' I. der Sieger von Salamis und Erzfeind seines Vaters, Themistokles, den persischen Großkönig um Asyl ersuchen mußte, weil er in seiner Heimat plötzlich unerwünschte Person war. Artaxerxes hat ihm dieses Asyl in einer unglaublich großzügigen Gastfreundschaft gewährt!

Einundvierzigjährige Herrschaft des Artaxerxes I.

Die einundvierzigjährige Herrschaft des Großkönigs hatte keine Schattenseiten. Nachdem es gelungen war, 456 v. Chr. den ägyptischen Aufstand niederzuschlagen und das vereinigte Heer der Ägypter, Libyer und Athener zu vernichten, gab es eine längere friedliche Periode.

Mit der Entsendung seines Mundschenken Nehemia nach Jerusalem (Neh 2,1–8) gestaltete der Großkönig die weiteren Geschicke des jüdischen Volkes auf dem Boden Palästinas entscheidend mit.

Im Dezember 424 v. Chr. starb Artaxerxes in Susa. Auch seine Frau, die Großkönigin Dhamaspya, verstarb am selben Tag.

Toleranz der Achämeniden

Die gut hundert Jahre persisch-königlicher Religionspolitik zeigen mit Deutlichkeit, daß es im persischen Großreich dieser Zeit keine Judenverfolgung, die etwa mit Billigung des Großkönigs stattgefunden hätte, gegeben hat. Nicht nur die Toleranz der achämenidischen Herrscher gegenüber den Religionen ihrer zahlreichen Völker, sondern auch die grundsätzliche Ähnlichkeit zwischen der Lehre Zarathustras, wie sie die Großkönige lebten und verwirklichten, und der jüdischen Religion mit ihrer monotheistischen Gottesvorstellung schließen geradezu eine von oben verordnete Judenverfolgung aus!

Daß es im lokalen Bereich Auseinandersetzungen mit Juden gegeben haben kann, ist natürlich nicht ausgeschlossen.

Die Verwaltung des Reiches

Die Inschriften, die elamischen Verwaltungsurkunden und die griechischen Schriftsteller geben nicht nur einen Einblick in die Politik der Großkönige, sondern auch in die Verwaltung des Reiches, die Dareios I., gleichsam als der »Erste Beamte« des Reiches begründete.

Das riesige Reich war in Satrapien unterteilt, denen jeweils ein Satrap vorstand. Dieser hatte in seinem Bereich gleichsam königliche Vollmachten und einen Beamtenapparat, der dem des Gesamtreiches nachgebildet war. Wenn daher Esth 1,1 von 127 Provinzen spricht, sind damit nicht die Satrapien gemeint, die für diese Zeit etwa an die 30 oder wenig darüber waren, sondern offenbar die Provinzen oder Regionen, deren jede Satrapie eine ansehnliche Zahl hatte.

Das persische Kernland jedoch war direkt dem Großkönig unterstellt, der es über seine höchsten Beamten von der jeweiligen Residenz – im Winter Susa, im Sommer Ekbatana – bzw. von der eigentlichen Verwaltungshauptstadt Persepolis oder auf seinen Reisen und Feldzügen leitete.

Berater des Großkönigs

Oberstes Beratungsgremium des Großkönigs war der Reichsrat, der nach Gutdünken des Herrschers einberufen wurde (vgl. Esth 1,14 Esra 7,14). Ihm gehörten sieben Würdenträger an. Es ist jedoch schwer zu entscheiden, ob es darin ex officio Mitglieder gab oder ob der König je nach Notwendigkeit seine Zusammensetzung bestimmte. Mögliche Mitglieder dieses Beratungsgremiums sind eventuell der Reichskanzler, der Befehlshaber der Garde, der Oberaufseher der Frauengemächer, der höchste Polizeibeamte (»das Auge des Königs«), der Chef des Geheimdienstes (»das Ohr des Königs«) und der Höchstrichter. Aber es ist durchaus anzunehmen, daß der nicht beamtete persische Hochadel nicht zu kurz kam.

Tontäfelchen als Verwaltungsdokumente

Die konkrete Verwaltung des Reiches ruhte auf den Schultern eines riesigen Beamtenheeres, dessen Zentralstelle Persepolis war. Jede Amtshandlung wurde auf einem Tontäfelchen festgehalten und mit dem Dienstsiegel gesiegelt. Von einem solchen Dokument wurden zwei Kopien angefertigt. Das Original blieb in der entsprechenden Dienststelle, eine Abschrift kam in die Zentrale des zuständigen Verwaltungsbezirkes, von denen es in Persien samt Elam sechs gab. Die zweite Kopie wurde nach Persepolis gebracht. Im Abstand von zwei Monaten wurden alle Belege geprüft und eine zusammenfassende Rechnung erstellt. Am Ende eines Jahres wurde eine Jahresabrechnung erstellt, die mehrfach von unterschiedlichen Beamten geprüft wurde.

Abb. 3

Das unmittelbar dem Großkönig unterstellte persische Kernland mit Elam war praktisch unter der Verwaltung des Staatskanzlers, der als höchster Beamter des Reiches fungierte. Er stellte im Namen des Königs die Pässe für jene königlichen Beamten aus, die im öffentlichen Interesse reisten, wie Richter, Rechnungsprüfer, Karawanenführer u. a. Ferner mußte er für den Haushalt und die Reisevorbereitungen des Königs Sorge tragen. Unter seiner Kompetenz stand auch das gesamte Steuer- und Pachtwesen. Die besondere Eigentümlichkeit dieses Amtes war, dem König ständig zur Verfügung zu stehen, sei es in seinen verschiedenen Residenzen, sei es auf Reisen. Der Vizekanzler dagegen als der zweithöchste Beamte hatte die Stellung in Persepolis zu halten. Zur Erfüllung

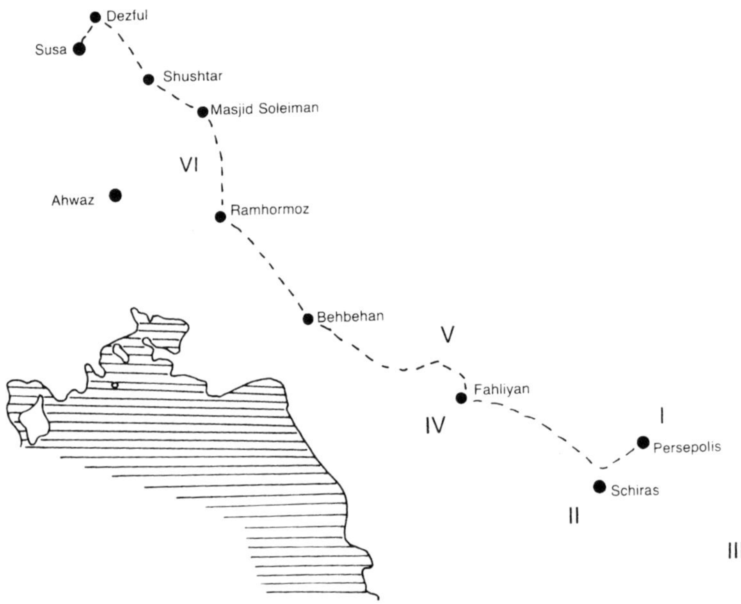

Abb. 3 Die sechs Verwaltungsbezirke entlang der Straße von Persepolis nach Susa (Koch 1992: 52 Abb. 23)

ihrer Aufgaben standen beiden Beamten die Hofkanzlei von Persepolis und ein Heer von Beamten und Schreibern zur Verfügung.

Verfügung über das königliche Siegel

Beide, der Staatskanzler und sein Vizekanzler, durften nach Verfügung des Königs das königliche Siegel führen und benutzen. Als erster Großkönig hat Dareios I. dieses Privileg eingeführt. Auch die Nachfolger des Dareios hielten an dieser Sitte fest. Dies läßt natürlich auch den Schluß zu, daß sich die Großkönige von ihren höchsten Beamten nie betrogen fühlten. Abb. 4 zeigt das Siegel Xerxes' I., das ab seinem 20. Regierungsjahr (466 v. Chr.) sein Staatskanzler Rtathura führte. Es zeigt den König mit Zinnenkrone im siegreichen Kampf gegen einen Löwen;

Abb. 4

umrahmt wird die Doppelszene von je einer Dattelpalme. Darüber schwebt das Symbol des Staatsgottes Ahura Mazda. Die Inschrift dieses Siegels (nicht auf der Abbildung des Abdrucks zu sehen) lautet: »Ich, Xerxes, der Großkönig«.

Der dritthöchste Beamte war der Schatzmeister, dem alle persischen Schatzhäuser mit ihren angeschlossenen Manufakturen und Handwerkern unterstanden. Diese Schatzhäuser sind etwa mit den heutigen Nationalbanken und ihren Filialen zu vergleichen, wo u. a. die Goldbarren zur Sicherung der Währung lagern. Aufgabe des Schatzkanzlers war es auch, die Löhne für die zahlreichen Beamten, Angestellten und Arbeiter pünktlich auszuzahlen. Der Lohn bestand hauptsächlich aus Naturalien, unter Xerxes wurde teilweise auch in Silber ausbezahlt. Dem Staatskanzler, Vizekanzler und Schatzkanzler standen die »beiden Hüter des Hauses« unmittelbar zur Verfügung. Ihnen unterstand der gesamte Getreide- und Fruchtanbau sowie die Tierhaltung. Eine ihrer Aufgaben, um die sie kaum zu beneiden sind, war die Sicherung der Verpflegung für Tausende Arbeiter. Die Befehle und Auf-

Abb. 4 Königliches Siegel des Staatskanzlers Rtathura (Koch 1992: 41 Abb. 20)

gaben dieser höchsten Beamten wurden an die Chefs der Verwaltungsbezirke weitergegeben bzw. delegiert. Sie hatten zu überwachen, daß alles bis ins Detail durchgeführt wurde.
Was die Abgaben an den Staat betrifft, so gab es im persischen Reich verschiedene: Die Satrapien waren verpflichtet, den festgesetzten jährlichen Tribut abzuliefern. Für das persische Kernland gab es Grundsteuern, Steuern aus Pachtverträgen und eine Abgabe von 10% auf alle Naturalien. Ferner wurden 10% des Zuwachses vom Vermögen (z. B. Herden) als Steuer einbehalten. Die Steuern wurden von Finanzbeamten eingezogen.

Zarathustras Religion und die Magier

Über die Religion des alten Iran vor Zarathustra ist wenig bekannt. Indirekt sind aus den jüngeren Teilen der Awesta und der Reaktion des Propheten auf gewisse Kultbräuche und Götter Einzelheiten rekonstruierbar, wenngleich eine solche Rekonstruktion mit großen Unsicherheiten belastet ist. Eine zentrale Gottheit der Indo-Iraner dürfte der bei allen indo-arischen Stämmen bekannte Gott Mithra gewesen sein. Mithra bedeutet »Vertrag«, und in dieser Funktion ist über das Mitanni-Reich Mithra in der 2. Hälfte des 2. Jts. v. Chr. bis in den syro-palästinischen Raum gedrungen. Es wird z. B. in Ugarit »il brt« genannt, und nach Ri 9,4.46 ist für das kanaanäische Sichem ein Tempel des »baal berit« bzw. des »el berit« belegt.

Der Gott Mithra

Im Iran wandelte sich dieser Gott im Laufe des 1. Jts. v. Chr. in den beherrschenden Sonnen- und Kriegsgott, als dessen Paredros Anahita, die Göttin der Fruchtbarkeit und Liebe, galt. Die Mithra-Priester schlachteten ihrem

Gott in Höhlen Stiere und tranken dabei eine rauschgiftartige Flüssigkeit, die die Iraner Hauma nannten. Dieser Rauschtrank wurde aus Fliegenpilzen gewonnen: die Pilze wurden zuerst getrocknet, dann eingeweicht. Durch den Genuß dieses Giftes stellten sich bei den Kultteilnehmern bewußtseinsverändernde, ekstatische Zustände ein. Da dieses Gift auch noch im Harn wirksam bleibt, wurde dieser oft mehrmals getrunken, so daß z. B. der Ausdruck »Rauschtrank-Jauche«, den Zarathustra für das Hauma-Getränk verwendet, verständlich wird.

Obwohl die Datierung Zarathustras in der Forschung nicht einheitlich ist, scheint mir die einheimische Tradition, die seine Geburt in das Jahr 630 v. Chr. legt, durchaus wahrscheinlich zu sein. Seine Heimat-Region war Baktrien. Als Ahnherr seiner Familie galt Spitama. Sein *Abb. 5* Vater hieß Pouruschaspa, seine Mutter Dughdova. Von seiner übrigen Verwandtschaft ist nur sein Vetter Madyomanha bekannt, der sein treuester Anhänger werden sollte. Aus den ersten 30 Jahren seines Lebens ist wenig bekannt.

Im März des Jahres 600 v. Chr. ging Zarathustra in die Hauptstadt Baktra (heute Balch), wo er nach einer Zeit des Fastens und Betens an einem Nebenfluß des Oxus sein entscheidendes Berufungserlebnis hatte. In einer Vision erschien ihm der Engel Vohu Manah (= guter Sinn) und beauftragte ihn, als Prophet des Reiches Gottes zu wirken.

Im ältesten Teil des Awesta, im 1. Abschnitt »Yasna«, sind in den Kapiteln 28–34, 43–51 und 53 die »Gathas« erhalten, die nach einhelliger Meinung der Forschung auf den Propheten selbst zurückgehen. Obwohl die Frage nicht eindeutig beantwortet werden kann, ob nur in den Gathas oder auch in anderen Abschnitten des Awesta authentische Gedanken des Propheten zu finden seien,

scheint mir die strenge Auffassung, daß für eine Rekonstruktion der Lehre Zarathustras nur die Gathas herangezogen werden sollten, am richtigsten zu sein.
In der 8. Gatha deutet Zarathustra auf das Mysterium seiner prophetischen Berufung hin:
»Habe ich doch als den Heiligen Dich erkannt, Allweiser Herr,/
als es mich durch den ›Guten Sinn‹ [Vohu Manah] umkam,/
als ich erstmals durch Worte von Euch unterwiesen ward.« (Hinz I 1976: 67)
In den nächsten 10 Jahren verkündete Zarathustra in Baktrien die Botschaft des Gottes Ahura Mazda, des Allweisen Herrn. Seine schärfste Ablehnung galt dem Mithra-Kult und den Mithra-Priestern, die das Volk zu solch kultischen Orgien verführten. Wie alle großen Propheten fand er in seiner Heimat kein Gehör. Schließlich spitzte sich für ihn und seine paar Getreuen die Lage so zu, daß er aus seiner Heimat fliehen mußte.

Abb. 5

Aufnahme fand er in Chorasmien beim Fürsten Vischtaspa. Zarathustra lebte jetzt in Keschmar, wo er sein berühmtes Feuerheiligtum errichtet hatte. Nach ca. zwei Jahren war Fürst Vischtaspa von seiner Lehre überzeugt und nahm sie mit seinem Hofstaat an. Zur Erinnerung an die Bekehrung des Fürsten pflanzte der Prophet bei seinem Feuerheiligtum eine Zypresse. Damit war der Durchbruch für seine Lehre gelungen, aber erst dadurch, daß sie die achämenidischen Herrscher annahmen, erlangte sie ihre historische Bedeutung.

Zarathustras Lehre

In den rund drei Jahrzehnten, in denen Zarathustra in Chorasmien wirken konnte, entfaltete er seine Lehre, wie sie in den Gathas des Awesta überliefert ist. Seine Lehre ist kein verwinkeltes System, sondern schlicht und einfach, verständlich für alle Menschen.

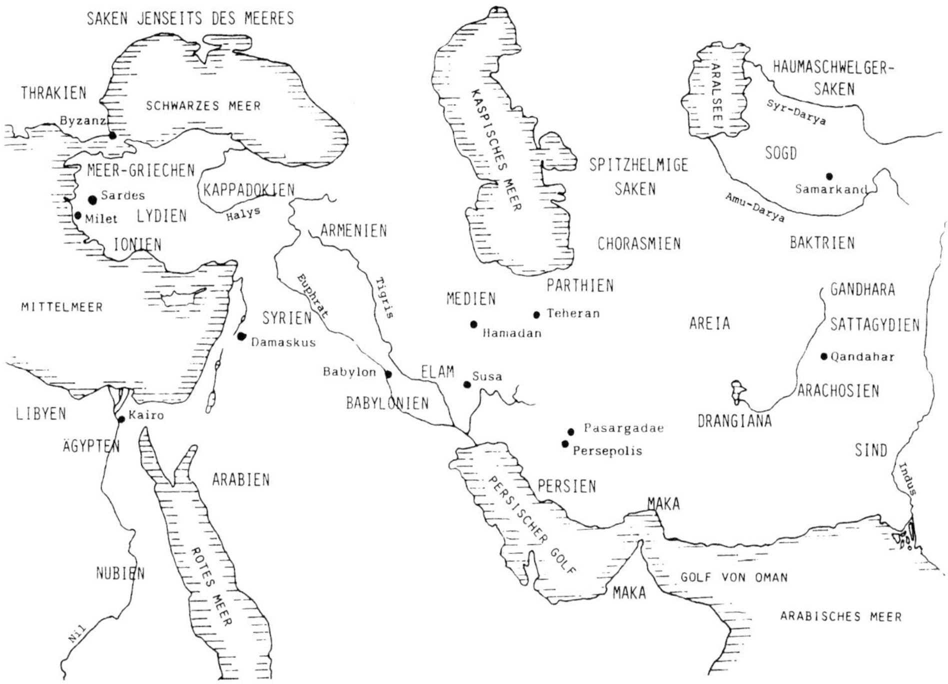

Abb. 5 Das persische Reich mit seinen Völkern (Koch 1992: 11 Abb. 2)

Wie schon erwähnt, verkündet Zarathustra das Reich Gottes, die Herrschaft Gottes unter den Menschen. Diese Herrschaft Gottes kann in unserer Welt nur dann Wirklichkeit werden, wenn sich die Menschen nach gewissen ethischen Grundsätzen richten: Der erste Grundsatz ist »die rechte Ordnung«, die von Gott gesetzt ist. Sie besteht darin, daß der Mensch seine tägliche Arbeit als sittliche Verpflichtung sieht. Der zweite Grundsatz heißt »guter Sinn« = Frömmigkeit, Pietät, und der dritte Grundsatz lautet: »Andacht«. Begründet sind diese drei Grundsätze im Wesen Gottes selbst, und der Mensch, der sich nach ihnen richtet, hat daher Anteil an der Gottheit; er

Ethische Grundsätze

lebt aus der Wahrheit (vgl. Joh 14,6), er verwirklicht die Herrschaft Gottes auf dieser Welt.

Die Gottesvorstellung Zarathustras ist weder polytheistisch noch dualistisch, wie bis heute fälschlicherweise zu hören ist, sondern rein monotheistisch. Die altpersische Gottheit Ahura Mazda, der Allweise Herr, ist für ihn der einzige Gott, der Schöpfer des Himmels und der Erde, also des gesamten Kosmos. Dieser Gott ist ohne Anfang und Ende, Licht in Überfülle. Er hat keinen Anteil an der stofflichen Welt. Er ist ein rein geistiges Wesen. Im 14. Gesang der Gathas heißt es:

»Habe ich doch, Allweiser, Dich erkannt mit meinem Sinn als den Ersten und Letzten.«

(Hinz I 1976: 76)

Diese Formulierung findet sich zeitlich etwas später auch bei Deuterojesaja:

»So spricht der Herr, Israels König, sein Erlöser,
der Herr der Heere:
Ich bin der Erste, ich bin der Letzte,
außer mir gibt es keinen Gott.« (Jes 44,6)

Gottes »Erstlingswerk« sind die Zwillinge: der Heilige Geist und der Geist, der sich die Lüge erwählte. Durch den Kampf dieser beiden Zwillingsgeister kamen Leben und Tod in die Welt. Der eine Geist, der sich für die Lüge entschieden hatte, verführte viele Engel und Menschen. Sie wurden zu Dämonen und zu Lügenknechten, deren Ort das »Haus der Lüge« (Hölle) ist. Der Heilige Geist steht dazu in größtem Gegensatz. Er entspricht in etwa dem christlichen Logos oder der frühjüdischen Sophia, (der) die als personifizierte Weisheit bei Gott Zeuge (Zeugin) seiner Schöpfung ist, der (die) die Welt auf Gottes Geheiß erschaffen hat. Der Heilige Geist ist der Sohn Gottes, so heißt es in den Gathas:

»Du bist der heilige Vater dieses Geistes!

Drum, Herr, hat er (Zarathustra) sich den Geist erkoren,
Allweiser, der von allen dir der Heiligste ist.«
(Hinz I: 1976: 78)

Dieser Heilige Geist ist auch der Richter der Welt am Jüngsten Tag (vgl. Matth 25,31–46), zugleich aber der ersehnte Heiland der Menschen. Die innige Verbindung des Heiligen Geistes mit Ahura Mazda drückt Zarathustra in einer Terminologie aus, die erst 700 Jahre später im Johannes-Evangelium vorkommen wird:

»Ich und der Vater sind eins.« (Joh 10,30)

Nicht nur weltberühmte Iranologen wie Duchesne-Guillemin und Hinz sollten solche Aussagen der Gathas Jahrhunderte vor Christus zumindest nachdenklich stimmen!

Neben dem Weltgericht kennt Zarathustra auch das persönliche Gericht nach dem Tod des Menschen:

»Seine [des Sünders] Seele wird ihn erzittern lassen an der Brücke des Auserwählers [eines Erzengels], enthüllt als/
[einer, der] durch seine eigenen Taten und Reden vom Pfade göttlichen Rechtes abgeirrt ist.
Wer hingegen sich zum Rechtgläubigen gesellt, der nennt künftige Seligkeit sein eigen.« (Hinz I 1976: 77f; vgl. Joh 3,18)

Ahura Mazda

Für Zarathustra ist Ahura Mazda der Inbegriff dessen, was Menschen mit dem Begriff »Gott« bezeichnen:

»Wer setzte die Bahn fest der Sonne und den Sternen?/
Wer ist's, durch den der Mond bald zunimmt und bald schwindet?/
Wer hält die Erde drunten, wer die Himmelsgewölbe droben?/
daß sie nicht stürzen? wer die Gewässer und die Pflanzen?/
Wer schirrte Wind und Wolken ihr Renn-Zwiegespann vor?/

Welcher Meister schuf die Lichter und die Finsternisse?«
(Hinz I 1976: 76; Vgl. dazu Ijob 38; Ps 104; Spr 30,4)
Der Gottesdienst Zarathustras entsprach der Einfachheit und Klarheit seiner Lehre. Wenn es Joh 4,24 heißt, daß Gott Geist ist und er im Geist und in der Wahrheit angebetet werden muß, so hat dies der Prophet des Iran bereits vorweggenommen. Jede blutige Opferung wurde verboten. Der Gottesdienst vollzieht sich bei einem Altar im Freien. Der Priester steht mit erhobenen Händen, einem Adorationsgestus, vor dem Altar, auf dem ein Feuer lodert. Dieses Feuer als ein Realsymbol der Gottheit sollte nie verlöschen. Deshalb wurde es in eigenen Häusern, den Feuerbewahrtürmen, verwahrt. Aus diesen Feuerbewahrtürmen, die die sogenannten priesterlichen Feuerschürer bewachten, wurde auf einem Tragaltar das Feuer zum Gottesdienst in einer Prozession geholt und hernach wieder zurückgetragen.

Das ganze Leben ist Gottesdienst

Das ganze Leben ist aber nach dem Propheten Gottesdienst und er weiß sich hingenommen in das Mysterium Gottes:
»So klag' ich Dir, sieh es Dir an, o Herr,/
Unterstützung leihend, wie sie der Freund dem Freunde gewähren soll.«
(Hinz I 1976: 76)
Vom selben Geist beseelt konnte Dareios der Große auf eine Ziegelmauer in Susa schreiben lassen:
»Mein ist der Allweise Herr – des Allweisen Herrn bin ich . . .«
(Hinz I 1976: 245)
Aus den Gathas läßt sich zwar die Lehre des Propheten verstehen, aber über die späteren Interpreten des Propheten und bislang auch sehr problematischen Interpreten, die Magier, erfahren wir praktisch nichts.
In den Gathas kommt der Terminus »maga« bzw. »maga-

van« mehrmals vor, seine Bedeutung ist jedoch unsicher. Im Sanskrit begegnet ein Wort »maghavan« mit der Bedeutung »reichlich gebend«. Awestisch »maga« könnte daher soviel wie »Gnade, Huld« und das Adjektiv »maghavan« »huldreich« bedeuten. Diese Überlegungen können zwar die Bedeutung des Wortes »Magu« Magier etymologisch wahrscheinlich machen, geben jedoch keine Auskunft über die Priesterklasse der Magier. Es ist daher auch höchst unwahrscheinlich, daß die Magier mit der Religionsreform Zarathustras etwas gemein haben. Erst nachdem die Botschaft des Propheten unter Kyros und Dareios Staatsreligion des persischen Weltreiches wurde, nahmen sich die Magier der neuen Religion an.

Die Magier

Relativ gute Informationen über die Magier bringt Herodot in seinen »Historien«: In I 101 unterscheidet er bei den Medern sechs Stämme, als letzten nennt er die μάγοι, die Magier (vgl. III 61.79–80). Eine ihrer wichtigen Aufgaben war die Traumdeutung (I 107.120.128). In I 132 schildert Herodot den zarathustrischen Kult, der bereits vom Opferritual der Magier überschattet ist. Die Magier fungieren dabei als Priester. I 140 berichtet u. a. von der Begräbnissitte der Magier, daß sie die Toten zum Fraß für Vögel und Hunde aussetzen. Nach VII 37 sind sie auch für das Orakel des Herrschers zuständig. Nach VII 43.113 und 191 sind sie beim Hellas-Feldzug Xerxes' I. auch für die verschiedenen Opfer an die fremden Götter verantwortlich. Die Opfer begleiten sie mit Zaubersprüchen (VII 191).
Aus diesen Notizen Herodots wird jedenfalls deutlich, daß die Magier der medische Priesterstamm gewesen sind und daß sie bereits unter den frühen Achämeniden wichtige priesterliche Funktionen ausübten.
Die elamischen Verwaltungstäfelchen aus der Zeit des Dareios können hier aber mehr Licht bringen. Sie sprechen von drei Arten der Kultdiener: den Priestern, den

Magiern und den Feuerschürern. Die Gruppe, die unter der allgemeinen Bezeichnung »Priester« zusammengefaßt ist, hat den Bereich ihrer Zuständigkeit für die Opfer an elamische und babylonische Götter, daneben können sie auch für iranische Götter opfern. Vom offiziellen Staatsopfer, dem »lan-Opfer«, sind sie meist ausgenommen und können dieses offenbar nur in Ausnahmefällen vollziehen. Die Magier sind ausschließlich für die Opfer an die persischen Götter zuständig, sie können auch das »lan-Opfer« vollziehen. Die Feuerschürer sind die eigentlich zarathustrischen Priester. Sie sind ausschließlich für Ahura Mazda zuständig und die ordentlichen Priester des »lan-Opfers«.

Für das »lan-Opfer« wurden in der Regel 30 Liter Gerste bzw. Mehl und 10 Liter Wein zur Verfügung gestellt. Bei bestimmten Anlässen teilte sogar der Großkönig selbst die Rationen für dieses Opfer zu. Es herrscht kein Zweifel, daß dieses Opfer Ahura Mazda galt und das Opfer der offiziellen zarathustrischen Staatsreligion gewesen ist.

Ein relativer Monotheismus

Wenn der alte iranische Stamm der Magier in dieser geänderten religionspolitischen Situation weiterhin seinen Einfluß bewahren wollte, mußte er sich den neuen Umständen anpassen. Die Magier haben daher die zarathustrische Religion der frühen Achämeniden angenommen, wurden so Vertreter eines relativen Monotheismus, der zwar Ahura Mazda die Souveränität über die anderen Götter zubilligte, aber den anderen altiranischen Göttern ihre Existenz nicht nahm. Die Großkönige selbst, sicherlich auch eine beachtliche Zahl der hohen Beamten des Reiches und die Feuerschürer, die Priester Zarathustras, können durchaus als absolute Monotheisten angesehen werden. Daß diese Anpassung der Magier zu dieser und jener konkreten Situation unterschiedlich gewesen sein mag, liegt auf der Hand.

Aufschluß über die altiranischen Götter geben ebenfalls die elamischen Verwaltungstäfelchen: es erscheint darin eine Göttergruppe, die »alle Götter« heißt. Sie sind die alte indische Göttergruppe der Devas, die Zarathustra verdammt hatte. Aber ihr Name lautete jetzt ins Persische übersetzt »Visai Baga«, so daß sie unter diesem geänderten Vorzeichen weiterhin verehrt wurden. Geopfert wurde auch dem alten medischen Gott Zurvan, der im jüngeren Awesta als der Gott der unendlichen Zeit und Vater Ahura Mazdas hochstilisiert wurde. Opfer haben auch der »Genius des Sonnenaufganges« Hvarira und der Götterbote Naryasanga, die Schicksalsgöttin Mizhdushi und der Wunscherfüller Brtakamya erhalten. Die Verehrung dieser Götter ist aber auf den Verwaltungsbezirk IV und V beschränkt. In diesen Bereichen lebte auch noch eine altiranische Sitte der Verehrung von Flüssen und Bergen fort (vgl. auch Herodot, Historien I 131). Alle diese alten religiösen Kulte und Praktiken wurden von den Herrschern geduldet, hatten jedoch für die offizielle zarathustrische Religion keine Bedeutung. In diesen Kulten hatten aber die Magier ein weites Betätigungsfeld und hielten die durch Zarathustra gebrochene iranisch-religiöse Idee aufrecht. Über den Gott Mithra erfährt man in den Verwaltungsurkunden nichts. Unter den Regierungen von Kyros II., Kambyses und Dareios dem Großen wurde der Kult dieses von Zarathustra verabscheuten Gottes offenbar nicht geduldet. Erst unter Xerxes I., nach seinem hellenischen Debakel, scheinen sich die Magier wieder so weit vorgewagt zu haben, über den Hauma-Rauschtrank den Mithra-Kult salonfähig zu machen. Aber es hat dennoch lange gedauert, bis Mithra in offiziellen königlichen Inschriften wieder auftaucht, nämlich erst unter Artaxerxes II. (405–359 v. Chr.).

vgl. Abb. 3

Wie wenig sich die Magier mit ihrer religiösen Entmach-

tung zur Zeit der frühen Achämeniden abgefunden haben, zeigt auch der Magieraufstand unter Kambyses, wo sich der Magier Gaumata zum Gegenkönig unter dem Namen des ermordeten Prinzen Bryda aufgeschwungen hatte. Erst Dareios ist es unter ungeheurer Anstrengung gelungen – die Forschung spricht von ca. 100 000 Opfern auf beiden Seiten –, diesem Spuk ein Ende zu bereiten und die Magier zu einer gewissen religiösen Anpassung zu zwingen, die ich vorher unter dem Begriff eines relativen Monotheismus erwähnt habe.
Es kann zusammenfassend festgehalten werden, daß von Kyros bis Artaxerxes I. das Verhältnis zwischen der offiziellen zarathustrischen Staatsreligion und den Anschauungen der Magier auf je unterschiedliche Weise spannungsgeladen war und nach dem gescheiterten Putsch des Magiers Gaumata zugunsten der altiranischen Religion die Magier den Weg einer langsamen, aber ständigen Unterwanderung der Zarathustra-Religion gegangen sind.

Die Juden im Perserreich

Im Jahre 587/86 v. Chr. hatten die Neubabylonier das Reich Juda mit seiner Hauptstadt Jerusalem ausgelöscht. Die Eliten des judäischen Volkes wurden im südöstlichen Teil des babylonischen Reiches angesiedelt (vgl. Ez 1,1ff Jer 29,5ff Esra 2,59 Neh 7,61). Dieses katastrophale Ereignis brachte es mit sich, daß nun drei verschiedene Gruppen der Judäer an drei weit auseinanderliegenden Gegenden der damaligen Welt auf je eigene Weise präsent waren: eine Gruppe in Ägypten, die Mehrheit des einfachen Volkes in der alten palästinischen Heimat und die Eliten in Babylon.

Neubabylonisches Reich

Das neubabylonische Reich währte jedoch nur kurz. Sein letzter König Nabonid konnte dem Vormarsch des großen

Kyros nicht mehr trotzen. Nach der Niederlage des babylonischen Heeres fiel Babylon kampflos in die Hand des Kyros (539 v. Chr.). Da bereits Kyros' Nachfolger Kambyses Ägypten zur persischen Satrapie degradierte (Juni 525 v. Chr.), lebten alle drei Gruppen der Judäer innerhalb der Grenzen des persischen Großreiches.

Judäer auf Elephantine

In Oberägypten, auf der Nilinsel Elephantine, existierte eine relativ kleine Gruppe von Judäern. Die Gründung dieser Gemeinde mag noch im 7. Jh. v. Chr. ihre Wurzeln haben, scheint sich aber doch erst im 6. Jh. v. Chr. als Folge der assyrischen und babylonischen Angriffe auf Israel und Juda etabliert haben. Zweifellos mag es besonders nach 586 v. Chr. noch andere judäische Gruppierungen in Ägypten gegeben haben. Sie sind jedoch historisch nicht faßbar. Die Elephantine-Gruppe dagegen hat zahlreiche Dokumente, die teils genau datiert sind, hinterlassen. Aus diesen aramäischen Papyri ergibt sich, daß die Judäer zusammen mit anderen Volksangehörigen als Söldner im persischen Dienst die ägyptische Südgrenze zu bewachen hatten. Aus diesen Papyri ist auch errechnet worden, daß die Gesamtzahl der Judäer im Jahre 420/19 v. Chr. etwa 350 war (mit Frauen und Kindern). Das früheste Datum auf einem dieser Texte ist das 27. Jahr des Großkönigs Dareios I., also 495 v. Chr., das jüngste stammt vom Oktober 399 v. Chr. Die Papyri zeigen z. B., daß in Elephantine ein Jahweglaube vorherrschte, der noch der vorexilischen Zeit verhaftet war (vgl. Winter 1983: 494–508). Für unseren Zusammenhang ist jedoch folgendes von Interesse: Diese judäische Gruppe besaß in Elephantine/Syene sogar einen JHWH-Tempel, der auf Umtriebe ägyptischer Priester etwa 410 v. Chr. zerstört wurde. Aus dem Bittschreiben der Gemeinde um den Wiederaufbau dieses Tempels (AOT 450–452; ANET 491f) gehen einige interessante Details hervor: Das Gesuch ist an Bagohi, den persischen Statthalter von Juda, gerichtet.

Die Gemeinde schreibt, daß ihr Tempel schon lange vor der persischen Herrschaft in Ägypten bestand. Der Großkönig Kambyses fand ihn bereits vor und ließ ihn bestehen, obwohl er sonst die heidnischen Tempel der Ägypter zerstörte. Im 14. Jahr des Großkönigs Dareios I. übten die Ägypter deswegen Rache. Die Chnum-Priester zerstörten mit Hilfe ägyptischer Truppen den Tempel bis zu seinen Grundmauern. Darauf fasteten und beteten die Judäer zu Jahu, dem Herrn des Himmels und nahmen an den Schändern blutige Rache: »Alle Männer, die diesem Tempel Böses gewünscht hatten, wurden sämtlich getötet, und wir haben unsere Lust an ihnen gesehen.« (AOT 451)

Die Antwort des persischen Statthalters ist klar:

». . . daß man ihn wieder aufbauen soll an seiner Stätte, so wie er früher war, und daß man Speiseopfer und Weihrauchopfer darbringe auf jenem Altar entsprechend dem, wie früher zu geschehen pflegte.« (AOT 452)

Der Statthalter macht jedoch eine deutliche Einschränkung. Tieropfer dürfen nicht dargebracht werden, obwohl die Judäer diese in ihrem Bittbrief auch wollen. Das hat kaum etwas damit zu tun, daß zu dieser Zeit die Opfer auf den Jerusalemer Tempel beschränkt waren, sondern daß Dareios nach bester zarathustrischer Manier auch den fremden Göttern blutige Tieropfer verwehrte und sich der persische Statthalter Bagohi an die Order des Großkönigs hielt!

Interessant an diesem Geschehen ist auch, daß der persische Statthalter von Samaria, Delaja, in die Angelegenheit miteinbezogen wurde, obwohl das Verhältnis zwischen Jerusalem und Samaria überaus gespannt war.

Es wäre verfehlt, wollte man daraus »Parallelen« zu den Ereignissen der Esther-Rolle postulieren, dennoch sollte man nicht übersehen, daß Aktionen gegen Judäer bzw. Juden ob ihrer religiösen Bevorzugung durch die Perser

– der Himmelsherr JHWH und der Himmelsherr Ahura Mazda wurden von den zarathustrischen Persern natürlich als ein und dieselbe Gottheit verstanden – in einem fern von Persepolis gelegenen Winkel des Reiches durchaus möglich waren.

Juden in ihrer palästinischen Heimat

Die zweite Gruppe sind die Juden in ihrer palästinischen Heimat. Wohl lassen sich über deren religiöse Vorstellungen heute gezieltere Aussagen treffen (vgl. Keel/Uehlinger 1992: 430–452. Jaroš 1995: 93–104) als vor wenigen Jahren, die historischen Ereignisse bleiben aber noch immer dunkel.

Der Wechsel der weltpolitischen Lage im Jahre 539 v. Chr. brachte auch für die exilierten Judäer eine entscheidende Wende. Die wichtigsten Quellen für die Periode bis gegen 440 v. Chr. sind – trotz einzelner außerbiblischer Zeugnisse – die Bücher Esra und Nehemia, Deutero- und Trito-Jesaja (Jes 40–55 und 56–66), Haggai, Sacharja und Maleachi der hebräischen Bibel.

Das 1. Kapitel des Esra-Buches suggeriert, daß Kyros II. selbst den Wiederaufbau des Jerusalemer Tempels befohlen, die Heimkehr der Exilierten und die Rückgabe der kostbaren Tempelgeräte angeordnet hätte. Offenbar ist aber vorerst nichts geschehen, so daß die Annahme naheliegt, die Verordnung des Großkönigs habe eher geschockt denn gefreut. Man konnte sich nur schwer entschließen, in die alte unsichere Heimat zurückzukehren. Der Babylonier Scheschbazar, der im Auftrag der persischen Regierung das königliche Gesetz durchführen sollte, brachte nicht viel zustande, wurde daher relativ rasch durch Zerubabel ersetzt, der den Tempelbau vorantreiben sollte. Diese Tätigkeiten fielen aber dem Satrapen von Transeuphrat, Tattenai, und seinen Beamten (Esra 5,3ff) auf, und sie inspizierten Jerusalem persönlich. Die Folge davon war eine Anfrage des Satrapen bei Dareios I., ob es ein solches Gesetz des Kyros gäbe? Dareios gab den Befehl, in den Archiven nachzuforschen, und im königlichen Schloß von Ekbatana wurde eine entsprechende Schriftrolle gefunden (Esra 6,2). Dieses Kyros-Edikt ist in Esra 6,3–5 in aramäischer Sprache wiedergegeben:

»Im ersten Jahr des Königs Kyros hat König Kyros einen Befehl erlassen, der das Gotteshaus in Jerusalem betrifft: Das Haus soll wieder aufgebaut werden als Ort, an dem man Opfer darbringt. Seine Fundamente sollen erhalten bleiben. Seine Höhe soll sechzig Ellen betragen und seine Breite 20 Ellen. Auf drei Lagen Quadersteine soll eine Lage Holz kommen. Die Kosten bestreitet der königliche Hof. Auch soll man die goldenen und silbernen Geräte des Gotteshauses zurückgeben, die Nebukadnezar aus dem Tempel von Jerusalem weggenommen und nach Babel gebracht hat. Alles soll wieder an seinen alten Platz in den Tempel von Jerusalem kommen und in das Gotteshaus gebracht werden.«

Kyros-Edikt

Daß dieser aramäische Text auf ein authentisches Edikt des Kyros zurückgeht, ist nicht auszuschließen und wird bis heute von der Mehrzahl der Forscher bejaht. Es paßt jedenfalls zur Religionspolitik des großen Achämeniden, der noch dazu in der judäisch-jüdischen Gottesvorstellung eine Parallele zu der seinigen sehen konnte. Falls es dieses Kyros-Edikt in der Form, wie es das Esra-Buch überliefert hat, gegeben haben sollte, so war ihm in den ersten Jahren kein großer Erfolg beschieden und gewann erst mit den Aktivitäten Zerubabels Konturen. Am 23. Adar des 6. Jahres Dareios' I., also am 12. März 515 v. Chr., wurde der wiedererrichtete Tempel feierlich geweiht (Esra 6,13–22). Persischer Statthalter von Juda dürfte zu diesem Zeitpunkt bereits Elnatan (vgl. Jaroš 1993: 133) gewesen sein.

Nach Esra 7 griff wieder ein persischer Großkönig, nämlich Artaxerxes I. (465–424 v. Chr.), in die Geschicke Judas ein und sandte den Priester und Schriftgelehrten Esra, um die nachexilische Gemeinde nach der Ordnung des Gottes des Himmels auszurichten. Unglaubwürdig wirkt vor allem Esra 7,17, wo es heißt, daß der Großkönig auch Stiere, Widder und Lämmer für die Opfer des Jerusalemer Tempels zur Verfügung stellte. Wenngleich Esra auch später entsendet und sein Wirken für den Jerusalemer Kult durch einen chronistischen Redaktor vor Nehemia gereiht worden sein könnte, scheint mir das Faktum seines Wirkens in Juda während der ersten Hälfte des 5. Jhs. v. Chr. nicht unwahrscheinlich zu sein.

Königlicher Mundschenk Nehemia

Die Gestalt des Nehemia hat jedoch deutlichere geschichtliche Konturen als die des Esra. Neh 2,1–10 erzählt, daß Nehemia als königlicher Mundschenk in Susa dem Großkönig Artaxerxes I. sein Leid über die Zustände in Jerusalem klagte und erreichte, daß ihn der Großkönig mit allen Vollmachten nach Jerusalem ziehen ließ, damit die Verteidigungsanlagen der Stadt aufgebaut werden konnten. Dies war im 20. Jahr der Regierung des Königs, also 445 v. Chr. Bezüglich dieser Zustände in Jerusalem ist Neh 2,3 sehr zurückhaltend: »Wie sollte ich nicht schlecht aussehen? Die Stadt, in der die Gräber meiner Väter sind, liegt in Trümmern, und ihre Tore sind vom Feuer verzehrt.« Es wurde in der Fachwelt viel über diesen Satz gerätselt: wurde Jerusalem in den achtziger Jahren des 5. Jhs. v. Chr. durch eine lokale Katastrophe getroffen? Hat es lokale kriegerische Auseinandersetzungen gegeben? Oder war Jerusalem auch eine Zielscheibe der antipersischen Aufstände in Babylonien im Jahre 482 v. Chr., die Xerxes I. brutal niederschlug, die Satrapie Babylon ihres königlichen Status entledigte und den »Götzenstall« Babylon für immer vernichtete? Auf diese Frage läßt sich keine exakte Antwort geben. Daß die kurzfristigen antipersischen Bestrebungen in Babylon das von den Persern begünstigte Juda marginal getroffen haben könnten, ist nicht unwahrscheinlich. Ein Reflex darüber – gesteigert für das ganze persische Reich – könnten u. a. die Erzählungen in der Esther-Rolle sein.

Nehemia wird Statthalter von Juda

Nehemia begann in Jerusalem rasch mit den Bauarbeiten und soll sie in 52 Tagen vollendet haben (Neh 6,15). Nehemia erklärt auch, daß er vom persischen König zum Statthalter von Juda bestimmt wurde und dieses Amt 12 Jahre lang, 445–433 v. Chr., ausübte (Neh 5,15). Während dieser Zeit bahnte sich aber eine Auseinandersetzung mit der persischen Provinz Samaria an, zu der Juda offensichtlich bis in die Zeit des Nehemia als Distrikt gehörte. Der königliche Auftrag, in welchem Nehemia handelte, umging die Kompetenzen der zuständigen Satrapie Transeuphrat und ihrer Provinz Samaria. Der persische Statthalter von Samaria, Sanballat I., hat dementsprechend verärgert reagiert und deutet Nehemias Vorgehen als Hochverrat. Er konnte jedoch nichts erreichen.

Über den Grund der 2. Aussendung Nehemias nach Jerusalem im Jahre 432 v. Chr. ist nichts Näheres bekannt. Bis zum Ende der persischen Zeit schweigen die historischen Quellen.

Die persische Provinz Samaria

Was die persische Provinz Samaria betrifft, liegen die Verhältnisse anders als in Juda. Das Nordreich Israel war bereits 722 v. Chr. durch die Assyrer vernichtet worden. Als die Neubabylonier das Assyrerreich ablösten, übernahmen sie auch die assyrische Provinzeinteilung des Reiches Israel: Dor, Megiddo, Gilead und Samaria. Die persische Verwaltung dürfte dies kaum wesentlich geändert haben, wenngleich uns aus verschiedenen Quellen nur Namen der persischen Statthalter von Samaria überliefert sind: Sanballat I. (ca. 485 v. Chr. geb.), Delaja (ca. 460 v. Chr. geb.), Sanballat II. (ca. 435 v. Chr. geb.),

Hananja (ca. 410 v. Chr. geb.), Sanballat III. (ca. 385 v. Chr. geb.) und Jeschajahu (ca. 350 v. Chr.). Die sidonische Eschmunazar-Inschrift vom Ende des 6. Jhs. v. Chr. spricht Zeile 18f davon, daß »der Herr der Könige« dem sidonischen König Eschmunazar als Dank für erwiesene Dienste die Städte Dor und Jaffa in der Scharonebene übereignet hat (KAI Nr. 14 ANET 662). Mit »Herr der Könige« ist niemand anderer als Dareios I. gemeint, der hier zumindest einen Teil der früheren assyrisch-babylonischen Provinz Dor unter sidonische Verwaltung stellt. Was an geschichtlichen Ereignissen aus Samaria dieser Zeit bekannt ist, sind seine schon vorher erwähnten Konflikte mit Jerusalem. Obwohl auch die kultisch-religiösen Maßnahmen eines Nehemia die alteingesessene israelitische Bevölkerung getroffen haben – so galt z. B. die Ehe mit einer Samarierin als unerwünscht und wurde verboten (vgl. Neh 13,8) –, gab es weiterhin eine Art Koexistenz; besonders in religiöser Hinsicht kann man für diese Zeit noch kein Schisma zwischen Samariern und Juden feststellen. Doch die Grundsteine für die spätere Trennung zwischen Jerusalem und Garizim, zwischen Juden und Samariern, waren gelegt.

Persische Großkönige um Stabilität bemüht

Der vorausgehende Überblick zeigt, daß die Juden in ihrer palästinischen Heimat während der persischen Zeit keiner Verfolgung ausgesetzt waren. Die persischen Großkönige haben sich im Gegenteil immer bemüht, stabile Verhältnisse in Juda herzustellen, den JHWH-Kult in Jerusalem zu ermöglichen und ab 445 v. Chr. Juda als eigenständigen Distrikt oder als eigenständige Provinz der Satrapie Transeuphrat zu fördern. Die in den achtziger Jahren des 5. Jhs. v. Chr. in Jerusalem flüchtig erwähnten katastrophalen Zustände könnten mit Repressionen babylonischer Kreise gegen die von den Persern bevorzugten Juden zusammenhängen. Wohl hat Xerxes I. die

babylonischen Aufstände bald unter Kontrolle gehabt, war aber durch sein anschließendes hellenisches Abenteuer kaum in der Lage, sich um alle Probleme in einem entfernten Winkel seines Reiches zu kümmern. Babylonische Repressalien gegen die Juden Jerusalems könnten daher rund vier Jahrzehnte gedauert haben. Sie wurden jedenfalls im wesentlichen erst durch das Eingreifen Artaxerxes I. abgestellt, als er seinen Mundschenken Nehemia als Statthalter nach Jerusalem entsandte. Aber von einer planmäßigen Judenverfolgung kann auch für diese vier Jahrzehnte keine Rede sein. Falls es eine solche gegeben hätte, verschwiegen sie die Quellen nicht!
Auch die Anfeindungen, denen Nehemia und die Jerusalemer Bürger während der Zeit des Aufbaus ausgesetzt waren, und selbst die Mordpläne gegen Nehemia (Neh 6) – von alldem hatte nichts Erfolg – haben mit einer von höchster Stelle geplanten Judenverfolgung nichts zu tun. Aber »Material« für die Geschichten der Esther-Rolle könnten auch diese Ereignisse mitgeliefert haben.
Über jüdische Gemeinden in Babylonien und Elam von Kyros bis Artaxerxes I. gibt es keine Nachrichten, obwohl anzunehmen ist, daß es solche gegeben hat. Dies ergibt sich schon aus dem Faktum, daß die Rückwanderung der Juden nach Palästina nur sehr schleppend ging und es viele vorgezogen haben, ihre in Babylonien neu erworbenen Existenzgrundlagen nicht aufs Spiel zu setzen. Die Quellen sprechen weder von jüdischen Gemeinden noch von einer systematischen Judenverfolgung, wie sie die Esther-Rolle erzählt. Auszuschließen ist aber auch hier nicht, daß es bei den antipersischen Aufständen in Babylonien unter Xerxes I. zu Judenverfolgungen und Racheakten gegen Juden gekommen ist.

Mordechai

In diesem Zusammenhang sollte die Gestalt des Mordechai aus dem Esther-Buch nicht unerwähnt bleiben.

Obwohl er Jude ist, trägt er einen babylonischen Namen, den des Gottes Marduk (vgl. Noth 1980: 11), und dient am Königshof von Susa. Aus einem babylonischen Wirtschaftstext aus Barsippa (ca. 45 km südlich von Babel) ist ein hoher persischer Beamter, eventuell ein Finanzaufseher, mit Namen Marduka bekannt, der mit anderen Beamten zu einer Inspektion nach Barsippa gekommen war. Das Täfelchen ist etwa um das Jahr 485 v. Chr. zu datieren (vgl. Ungnad 1959/60: 74–82). Eine Identität zwischen dem biblischen Mordechai und diesem Marduka ist trotz Namensgleichheit natürlich nicht zu beweisen, aber auch nicht absolut auszuschließen. Entschließt man sich mit Ungnad für die Gleichheit der Personen, so ließe sich sagen, daß ein persischer Finanzinspektor jüdischer Abstammung mit einem babylonischen Namen keine allzu beliebte Erscheinung in Barsippa gewesen sein mag. Und sollte er noch dazu eine Verschwörung – babylonische Aufstände (?) – gegen Xerxes aufgedeckt haben, war ihm bzw. seinen Volksgenossen die Rache der Babylonier gewiß. Für die kurze Zeit der babylonischen Erhebungen im Jahre 482 v. Chr. ist daher auch vor diesem Hintergrund eine lokal auf babylonische Gebiete beschränkte Judenverfolgung nicht auszuschließen.

Das persische Neujahrsfest und das Purimfest

Eines der großen Feste im persischen Reich war das Neujahrsfest zu Beginn des Frühlings. Wesentlicher Bestandteil dieses Neujahrsfestes war ein großes Gastmahl am königlichen Hof zu Susa, zu dem die Würdenträger des Reiches, vermutlich auch die Bevölkerung von Susa, eingeladen waren. So wie sich auch die Perser an diesem

Fest gegenseitig beschenkten, so wurde auch der König von seinen Völkern beschenkt, und der König verlieh an diesem Fest Auszeichnungen an die Würdenträger. Höhepunkt des Neujahrsfestes war die Thronrede des Königs. Begleitet wurden die Festlichkeiten von ausgedehnten Mahlzeiten und Feiern, bei denen der von den Persern sehr geschätzte Wein nie zu kurz kam.

Profanes Neujahrsfest der Perser

Das persische Neujahrsfest hatte unter den ersten Achämeniden keinen speziell ersichtlichen religiösen Hintergrund, es war ein profanes Fest, auch wenn es offizielle Gottesdienste zu Ehren des Allweisen Herrn gegeben haben wird. Für die in Susa ansässigen Juden kann es daher kein Problem gewesen sein, dieses Neujahrsfest zusammen mit der einheimischen Bevölkerung zu feiern. Das persische Neujahrsfest scheint aber im Laufe der Zeit bei den Juden Susas und Babyloniens eine Transformation erfahren zu haben.

Es ist einmal anzunehmen, daß ursprünglich die Juden in Susa das Neujahrsfest den Persern gleich gefeiert haben. In einer zweiten Phase dürften die Juden Susas Elemente eines anderen persischen Festes in ihr Neujahrsfest aufgenommen haben. Herodot (Historien III 68–79) weiß zu erzählen, daß die Perser nach dem Sieg des Großkönigs Dareios über den Usurpator Gaumata und die Magier am 29. September 522 v. Chr. das Fest des »Totschlags der Magier« feierten. Dieses Fest wurde seitdem jährlich gefeiert und ist auch durch andere Quellen bezeugt (vgl. Hinz I 1976: 143f). Da die Juden mit dem Sieg Dareios' über die Magier nichts zu tun hatten und auch von ihrem geschichtlich-religiösen Hintergrund her kaum einen Bezug zu einem solch typisch persischen Fest hatten, könnten sie an ihrem Neujahrfest als Loyalitätsbezeugung gegenüber den Großkönigen dieses Ereignisses gedacht haben. Das würde auch bedeuten, daß der Ursprung der

Esther-Rolle in der jüdischen Kombination dieser beiden persischen Feste liegt und es sich anfänglich um eine Erzählung handelt, die den Sieg des Großkönigs über die von den Magiern verfälschte Religion zum Inhalt hat und dieses Sieges zu Neujahr gedenkt.

Phasenweise Umwandlung des Festes

In einer weiteren Phase wurde dieses Fest der Juden Susas von den Juden der östlichen Diaspora übernommen und von den Juden Babyloniens um neue Elemente bereichert. Da bei den babylonischen Juden eine innere Beziehung zum persischen Fest der Magier-Tötung fehlte, wurde die übernommene Festerzählung zu einer neuen, nun als Festlegende zu bezeichnenden Erzählung umgestaltet, in der die babylonischen Götter Marduk und Ischtar als ihre Beschützer auftreten: Das Fest hat auch hier in Babylonien seinen Namen erhalten: Purim. »Pur« ist ein akkadisches Wort und bedeutet »Los«. Am babylonischen Neujahrsfest wurden, um das Schicksal des kommenden Jahres ausfindig zu machen, Lose geworfen. Da das übernommene Fest ebenfalls ein Neujahrsfest war, liegt es nicht allzu fern, dieses nach dem babylonischen Brauch des Loswerfens zu benennen.

In einer vierten Phase wurde das Fest seines heidnischen Charakters beraubt und versucht, aus den Göttergestalten Marduk und Ischtar zwei »geschichtliche« Personen, Mordechai und Esther, zu machen. Die causa proxima dafür war vermutlich die Strafexpedition Xerxes' I. gegen das abtrünnige Babylonien im Jahre 482 v. Chr., die nicht nur Babylon für immer lahmlegte, sondern auch den »Götzenstall« Babylons ausräumte. Repressionen der aufständischen Babylonier gegen Juden könnten in die Festlegende als Judenverfolgung hereingenommen worden sein. Mordechai, vielleicht der vorher genannte persische Jude mit dem babylonischen Namen Marduka, hebräisch Mordechai, und sein Mündel Esther hätten die Rettung gebracht. Das babylonisch-jüdische Neujahrsfest = Purim-Fest wurde dann zur Erinnerung an diese Rettung durch Mordechai und Esther von den babylonischen Juden gefeiert und sein Datum mit dem 14. und 15. Adar festgelegt.

Heutige hebräische Fassung

In Susa und wahrscheinlich auch in anderen Orten der östlichen Diaspora wurde die Festlegende zu Erzählungen unterschiedlichen Charakters umgeformt, die ein Redaktor zur heute erhaltenen hebräischen Fassung gestaltete.

Den Juden Palästinas war demnach dieses Fest der Diaspora des Ostens, das überhaupt keinen Bezug zu den Traditionen Judas und Israels aufweisen konnte, lange unbekannt. Erst 2 Makk 15,36 ist der Tag des Mordechäus am 14. Adar belegt (Ende 2. Jh. v. Chr.). Das Purim-Fest hängt jetzt nicht mehr mit dem Neujahrsfest zusammen, denn dieses feiern die Juden bis heute im Herbst (vgl. auch Mischna, Traktat Rosch ha-Schana). Abschließend sei noch erörtert, ob die Nachrichten Esth 9,20–32, wonach das Purim-Fest letztlich durch den Willen des Großkönigs Xerxes I. eingeführt wurde, historisch wahrscheinlich ist. Ich möchte diese Frage nicht von vornherein verneinen, denn aus dem Jahre 419 v. Chr. ist z. B. der »Osterbrief« Dareios' II. bekannt (AOT 453), in dem der Großkönig der jüdischen Militärkolonie von Elephantine den Ritus des Mazzot-Festes vorgibt! Daß auch Xerxes I. den Juden des persischen Kernlandes und Elams die Einführung des Purim-Festes vorschrieb, kann daher nicht a priori ins Reich der Legende verwiesen werden.

Kapitel 3

Die verschiedenen Überlieferungen des Stoffes

Der im ersten Kapitel abgedruckte Text der Esther-Rolle zeigte bereits, daß in der hebräischen Fassung mit etwa zwei Erzählfäden zu rechnen ist. Diese wurden von einem Redaktor zu einer einzigen Erzählung verknüpft, allerdings so geschickt, daß trotz der Erkennbarkeit von gewissen Dubletten eine genaue Rekonstruktion der ursprünglichen Erzählungen mit allzu großen Unsicherheiten belastet wäre.

Wie vorher gezeigt, ist der »Sitz im Leben« die Feier des persischen Neujahrsfestes, das die Juden Susas ebenso wie die Einheimischen feierten. Die Juden drückten aber im Laufe der Zeit diesem Fest verschiedene Stempel auf, was durch die vier aufeinanderfolgenden Phasen des Festes zu klären versucht wurde.

Diese Festlegende erfuhr durch das Weitererzählen in den Gemeinden der östlichen Diaspora die verschiedensten Ausformungen. Der Redaktor hat dann offensichtlich die beiden wichtigsten Überlieferungen schriftlich zusammengefaßt. Dieser Überlieferungsprozeß kann manche Unstimmigkeiten im Text erklären, die dem europäischen Leser auffallen, für den Altorientalen jedoch belanglos sind, weil ihm beim Hören, Lesen oder auch Erzählen solcher Texte das Ineinanderfließen von Wirklichkeit und

Phantasie das Spannendere und Wertvollere als die logische Übereinstimmung der Fakten ist.
Dem europäischen Leser fällt einmal auf, daß der hebräische Text Xerxes, der griechische Text Artaxerxes nennt. Darin spiegelt sich aber eher die Unkenntnis der alexandrinischen Übersetzer, die einfach die hebräische Bezeichnung Achaschwerosch (Xerxes) mit dem griechisch für sie ähnlich lautenden Artaxerxes verwechselten.
Nach Esth 1,1a–c; 2,5–7 kam Mordechai mit dem judäischen König Jojachin (597 v. Chr.) in das babylonische Exil und müßte daher in der Regierungszeit Xerxes I. (486–465 v. Chr.) weit über 100 Jahre alt gewesen sein. Für den Altorientalen spielen in einer Erzählung solche Zeitdifferenzen keine Rolle. Der Erzähler will damit nur die Kontinuität mit der alten Heimat wahren und keine genaue Zeitangabe für Mordechai liefern. Die Gemahlin Xerxes I. war Amestris (vgl. Herodot, Historien VII 6.114; IX 112), die Tochter eines persischen Generals. Von einer Waschti oder Esther ist nichts bekannt. Man sollte hier nicht übersehen, daß es im Harem von Susa genug Mädchen gegeben haben wird und der Erzähler hier überhaupt ein Märchenmotiv verwendet.
Die übertriebenen Zahlenangaben, die künstliche Symmetrie der Geschichte, all das will doch nicht als ein Tatsachenbericht verstanden werden, sondern quasi als ein spannender »Kriminalroman«, der allerdings das Lokalkolorit des frühen persischen Reiches in meisterhafter Weise wiedergibt.

Die hebräische Version

Der Aufbau der Esther-Rolle ist leicht erkennbar. Nach der Einleitung (Kap. 1–2: Festmahl, Verstoßung der

Waschti, Esther im königlichen Harem und ihre Erhebung zur Königin, Aufdeckung der Verschwörung) beginnt die Haupthandlung (3,1–9,20), die in sieben Szenen abläuft: Hamans Plan der Judenausrottung, Esthers erfolgreiches Einschreiten beim König gegen die Pläne Hamans, Mordechais Erhöhung, die Vernichtung Hamans, die Rettung der Juden, die Rache der Juden und die Feier des Siegestages. Kapitel 9,20–10,3 beschließen die Erzählung mit der Einführung des Purimfestes durch Mordechai und Esther.

Die Einleitung (Esth 1–2)

Als ursprüngliche Einleitung wird vermutlich nur 1,1–21 gedacht gewesen sein. Im Sinne der Redaktion ist aber das zweite Kapitel dazuzunehmen, da 1,1–21 mit der kommenden Erzählung kaum etwas gemein hatte und erst 2,1–18 die Brücke zu den kommenden Ereignissen schlägt.
Die zwei Traditionen über das königliche Festmahl (1,1–4 und 5–8) im königlichen Schloß von Susa betonen jeweils einen Aspekt des Ereignisses, den offiziellen und den privaten. Beiden Überlieferungen liegt die Tatsache zugrunde, daß die persischen Großkönige zu bestimmten Anlässen wie z. B. an Neujahr u. a. solche rauschende Feste gaben. Als König wird Achaschwerosch genannt, was die über das Elamische im Hebräischen übliche Form des altpersischen Namens (Chschajarscha) bedeutet, in der gräzisierten Form Xerxes. 3,1 datiert dieses Fest in das dritte Jahr seiner Regierung, 482 v. Chr. Der Erzähler möchte damit andeuten, daß der König jetzt uneingeschränkt mit seinem Volk feiern kann, denn die beiden Aufstände am Beginn seiner Regierung (Ägypten und

Babylon) waren rasch und erfolgreich niedergeschlagen worden, ohne daß der Großkönig selber in das militärische Geschehen eingreifen mußte. Die Mobilmachung für den griechischen Feldzug war seit 484 v. Chr. bereits erfolgreich im Gang. Es gab daher Grund zum Feiern.
Die 127 Provinzen (vgl. Dan 6,2) sind nicht mit den Satrapien gleichzusetzen, deren es zur Zeit Xerxes' I. 31 – zusätzlich das persische Kernland – gegeben hatte. Die Ausdehnung des Reiches von Indien bis Äthiopien entspricht den Tatsachen.
Der Erzähler benützt nun dieses feierliche Gelage, um seine eigentliche Geschichte vorzubereiten. Der König wünscht, daß die Königin Waschti (altpersisch vahischta, »die Beste«, oder uschta/i »die Geliebte«) nackt – nur mit dem königlichen Diadem geschmückt – kommen möge, damit man ihre Schönheit bewundern kann. Hier ist ein altes Märchenmotiv eingeschoben, das auf ähnliche Weise z. B. auch von Herodot (Historien I 8–12) in bezug auf den Lyderkönig Kandaules verwendet wird. Da dies die Königin als Zumutung empfindet und nicht gehorcht, fällt sie in Ungnade und wird verstoßen, was breit und fast schon ans Lächerliche grenzend dargestellt wird: Die Männer würden ja gänzlich ihre Autorität im eigenen Haus verlieren, wenn das Benehmen der Königin in Persien Schule machte. Hinter diesen breiten Ausführungen mag ein persischer Neujahrsbrauch stehen, daß für einen Tag die Frauen ihren Männern gebieten dürfen (vgl. Ringgren 1981: 397). Unserem Büchlein geht es aber nicht darum zu zeigen, daß die Frauen ihren Männern gehorchen sollen – nach gut biblischem Verständnis wäre ja Waschti mit ihrer Verweigerung durchaus im Recht –, sondern um für die neue Königin Esther Platz zu haben.
Davon berichtet nun das zweite Kapitel: Dem König wird vorgeschlagen, er solle sich aus seinem ganzen Reich

schöne Mädchen bringen lassen. Von diesen könne er eine neue Königin wählen. Dann wird Mordechai, der Vormund Esthers, genau vorgestellt. Er ist ein Jude aus dem Stamme Benjamin und ein Diener, Beamter, am königlichen Hof von Susa. Auch sein Mündel hat die Ehre, in den königlichen Harem geholt zu werden. V 7 nennt für das Mädchen zwei Namen: ihr eigentlicher Name ist Hadassa, sie wird aber auch Esther genannt. Das hebräische Hadassa bedeutet »Myrte«. Der Name Esther ist von der babylonischen Göttin Ischtar abgeleitet (eine Herkunft vom altpersischen »star« [Stern] ist nicht völlig auszuschließen).
Wenn man annehmen darf, daß in der dritten Phase der Festlegende zum persisch-jüdischen Neujahrsfest die beiden Götter Marduk und Ischtar eine Rolle gespielt haben und man die Namen in der vierten Phase in konkrete Personennamen änderte, nämlich in den Namen eines persischen Beamten, Marduka – jüdischer Herkunft (?) –, dann brauchte man auch einen Ischtar entsprechenden Namen. Es scheint mir daher naheliegend, daß der Name des Mündels des Marduka/Mordechai Hadassa in Esther geändert wurde, zumal die Perser ja in diesem Namen keinen Anklang an die babylonische Göttin sehen mußten, sondern den Namen von ihrer Sprache her als »Stern« verstehen konnten.
Jetzt hat die Einleitung schon ihr Ziel erreicht und fährt auf orientalische Art weiter, um Esther für die entscheidende Begegnung mit dem König vorzubereiten. 2,18f weiß demnach auch zu berichten, daß Esther Königin geworden ist. Die Erzählung will dabei dem Leser weismachen, daß die jüdische Herkunft Esthers auf Befehl Mordechais unbekannt blieb (V 10). Eine solche Geheimhaltung wäre wohl kaum möglich gewesen. Es handelt sich daher um ein Erzählmotiv, das benötigt wird, um

gegen den später auftretenden Bösewicht Haman den entscheidenden Trumpf in Händen zu haben.
Unser Erzähler nimmt nicht den geringsten Anstoß daran, daß ein jüdisches Mädchen in den Harem des Großkönigs kommt, und auch für den Juden Mordechai ist dies eine große Ehre. Das bedingt noch eine ethische Grundhaltung, die den Vorstellungen des vorexilischen Juda verhaftet ist und mit der rigorosen Haltung eines Nehemia in Frage der Mischehen etc. nicht zu vereinbaren ist. Hatte denn das alte Israel je daran Anstoß genommen, daß für den greisen David ein schönes Mädchen, Abischag aus Schunem, gesucht wurde (1 Kön 1,1–4)? Für die nachnehemianische jüdische Ethik wäre das Verhalten Mordechais und Esthers sündig. Es hat denn auch nicht daran gefehlt, Esthers Verhalten als Sünde zu deuten, indem man ihren Namen von awestisch »astra« (Sünde) ableitete. All das liegt aber der hebräischen Erzählung völlig fern; sie freut sich daran, daß ein jüdisches Mädchen Königin des Perserreiches wird!
Im letzten Abschnitt der Einleitung deckt Mordechai eine Verschwörung von zwei Eunuchen gegen den König auf. Da durch die Königin Esther davon dem König Mitteilung gemacht wird, werden die beiden hingerichtet. Eigenartigerweise wird dem Mordechai dafür weder gedankt, noch wird er belohnt. Der Erzähler führt so ein retardierendes Element ein, um Mordechai später um so höher zu heben und den Schurken Haman noch kurz vor seiner Hinrichtung zu demütigen.
Es ist ganz klar: schon in der Einleitung will uns die Überlieferung sagen, daß sie mit persischen Sitten sehr vertraut ist, daß sie aber nicht Geschichte im Sinn der Historie schreiben will. Alle handelnden Personen damals wußten doch, daß Xerxes I. weder eine Waschti noch eine Esther zur Gemahlin hatte. Aber die Tradition

versucht, zwei konkrete menschliche Personen: Marduka/Mordechai und Hadassa/Esther in einer wunderschönen Märchenlandschaft Gestalt annehmen zu lassen, um ihr kommendes Ziel zu erreichen.

Die Haupthandlung

1. Szene (3,1–15)

Diese beginnt völlig unvermittelt. Der Leser würde jetzt erwarten, daß Mordechai belohnt werde. Dagegen rückt Haman zum höchsten Amt im Staat auf. Der hebräische Text bezeichnet ihn als Agagiter (vgl. 1 Sam 15, wo der amalekitische König Agag Saul unterlegen ist). Die griechische Tradition des Textes könnte hier eine ursprünglichere Lesart bewahrt haben. Sie bezeichnet Haman u. a. als Bougaios (Βουγαίος). Bougaios ist die gräzisierte Form eines Epithetons des Gottes Mithra, was darauf hindeutet, daß dieser Haman ein Mithra-Verehrer gewesen ist. Mordechai verweigert nun diesem höchsten Beamten die notwendige Reverenz, weil er als Jude die Proskynese Gott vorbehält. Es scheint mir nun, daß hier der Text gleichsam zwischen den Zeilen eine Ursprungssituation bewahrt hat. Es geht in erster Linie nicht um eine Judenverfolgung, sondern um eine mehrfache Auseinandersetzung zwischen den Anhängern der offiziellen zarathustrischen Religion und den ihr feindlichen Kräften, die durch Haman dargestellt werden. Da die Juden an denselben Gott glauben wie die Verehrer des Allweisen Herrn, ist es naheliegend, daß sich jede feindliche Aktion auch gegen sie richtet und die Verarbeitung eines solchen Stoffes daher keine großen Schwierigkeiten bereiten konnte. Mordechai kann daher die Proskynese nicht einfach deswegen verweigert haben, weil er sie als Jude Gott vorbehält. Diese Ehrenbezeugung ist im Perserreich für den

König und die höchsten Beamten selbstverständlich; er verweigert sie, weil er in Haman den Repräsentanten der Feinde des Reiches sieht!
Haman sieht sich so durchschaut und plant daher einen vernichtenden Schlag gegen Mordechai und alle Juden. Rein zeitlich gesehen paßt diese Situation sehr gut in das zwölfte Jahr des Xerxes. Der hellenische Krieg ist längst verloren, und der König wird persönlich mit dieser Niederlage nicht fertig. Ja, wir haben oben gesehen, daß er nun sogar den Hauma-Rauschtrank zuläßt und der Mithra-Kult heimlich Eingang findet.
Durch das Werfen des Pur (Los) wird der 13. Adar als Schicksalstag für die Juden bestimmt. Durch Falschinformation des Königs erwirkt Haman ein Reskript zur Vernichtung der Juden und zum Einzug ihres Vermögens. Das Reskript wird im ganzen Reich bekanntgemacht, datiert am 13. Nisan (einen Tag vor dem Pesachfest). Nach 11 Monaten am 13. Adar soll die Vernichtung der Juden ausgeführt werden. Das Ganze wirkt etwas gekünstelt, und es ist die Vermutung geäußert worden, daß ein stehendes Motiv verwendet wurde (vgl. 3 Makk 3,22–24; 4,1–2.16).
Ein solch königliches Reskript zur Vernichtung der Juden hat es im achämenidischen Persien natürlich nie gegeben! Wie oben angedeutet, hat hier die Tradition verschiedene Stoffe verarbeitet, die eine konkrete Gefahr für die persische Staatsreligion waren, wie z. B. den Aufstand des Magiers Gaumata oder die schleichende Gefahr einer Unterwanderung durch die Mithra-Religion. Aber auch andere Ereignisse, wie die Niederwerfung des babylonischen Aufstandes und die »Ausmistung« des babylonischen Götzenstalles durch Xerxes, mögliche Repressalien gegen die persertreuen Juden in Babylonien etc., mögen als »Vorlage« für unsere Erzählung gedient haben.

In retardierender Weise erreicht der Erzähler sein Ziel, daß die Königin Esther bereit ist, zum König zu gehen. Mordechai übt dabei erheblichen Druck aus (vgl. 4,13). Zur Unterstützung Esthers fasten und beten die Juden Susas drei Tage lang (vgl. das Fasten und Beten in dem vorher erwähnten Elephantine-Text: AOT 451). Esther gelingt es, daß der König ihre Einladung zu einem Gastmahl zusammen mit Haman annimmt. Aber der Erzähler will nun weiter die Spannung erhöhen. Die Königin trägt ihrem Gemahl ihre eigentliche Bitte nicht vor, sondern bittet ihn, abermals zusammen mit Haman zu dem von ihr bereiteten Gastmahl zu kommen. *2. Szene (4,1–17 5,1–8)*

Nach dem Gastmahl bei der Königin geht Haman voller Stolz aus dem Palast. Sein Stolz verwandelt sich aber gleich in Zorn, als er beim Tor Mordechai sieht, der ihm die Reverenz verweigert. Vor seiner Frau prahlt Haman über seine Erfolge, erwähnt aber auch seinen Grimm gegen den Juden Mordechai. Seine Frau und seine Freunde machen ihm nun den Vorschlag, gleich für Mordechai einen Galgen errichten zu lassen. *3. Szene (5,9–6,13)*

Da der König in dieser Nacht nicht schlafen kann, läßt er sich aus der Chronik vorlesen, wobei er daran erinnert wird, daß der Jude Mordechai eine Verschwörung vereitelt hat, jedoch dafür nicht belohnt wurde. Als am Morgen Haman zum König kommt, um die Erlaubnis zu erbitten, Mordechai hängen zu dürfen, fragt ihn der König zuvor, wie man wohl am besten einen Mann ehren sollte. Insgeheim meint Haman, daß der König ihn ehren will und schlägt eine Ehrenbezeugung vor, die eines Königs würdig ist: das königliche Gewand, das Pferd, das der König selbst geritten hat, das Reiten vor dem Volk der Stadt. Das Tragen des Kleidungsstückes eines anderen gilt im Orient schon als intime freundschaftliche Beziehung (vgl. 1 Sam 18,3–5), und das Tragen eines Kleides, das der König getragen hat, soll die Identität zwischen König und Geehrtem zeigen (Plutarch, Artaxerxes 24 bezeugt diesen Brauch einmal für Artaxerxes II.). Das Aufsteigen auf das königliche Pferd war nach 1 Kön 1,32 sogar Teil der Inthronisation. Das feierliche Geführtwerden des zu Ehrenden erinnert an die Josefs-Novelle Gen 41,38–44.

Der König ist von diesem doch sehr gewagten Vorschlag angetan und befiehlt Haman, Mordechai auf diese Weise zu ehren. Der Verfasser übergeht dabei einfach das Problem, wie der König plötzlich einen Juden auf solche Weise ehrt, wo er doch kurz zuvor die Vernichtung aller Juden für den 13. Adar angeordnet hatte. Auch an dieser kleinen Unstimmigkeit ist noch zu sehen, daß wir es hier nicht mit geschichtlichen Tatsachen zu tun haben.

Die Überraschung und der Ärger sind für Haman perfekt. Geschickt leitet der Erzähler zur Vernichtung Hamans über, indem er seine Frau und seine Freunde eine Warnung vor dem Juden Mordechai aussprechen läßt.

4. Szene (6,14–8,1)

Gleichsam wie zu einer Henkersmahlzeit wird Haman von den Eunuchen zum Festmahl Esthers abgeholt. Dabei enthüllt sie nun ihre Bitte: Sie und die Angehörigen ihres Volkes sollen von der Vernichtung Hamans verschont bleiben. Der König ist entsetzt, verläßt kurz das Festmahl, während Haman um sein Leben zitternd Esther bedrängt. Der König deutet dies als Vergewaltigung seiner Frau und läßt Haman an dem Pfahl aufhängen, den dieser für Mordechai aufstellen ließ. Das Eigentum Hamans wird der Königin überantwortet, und Mordechai erhält die höchste Auszeichnung, den Siegelring des Königs. Wie vorher schon erwähnt, geht diese Geste weit über eine Ehrenbezeugung hinaus. Den Siegelring des Königs durften im Perserreich nur der Staatskanzler und der Vizekanzler mit Erlaubnis des Königs tragen. Die Szene ruft auch durchaus Erinnerungen an die Zeit des Xerxes wach, als er mit einem Schlag alle hohen Beamten des Reiches auswechselte.

Damit hat die Erzählung ihren Höhepunkt erreicht. Eine Variante der Erzählung mag einst auch damit geendet haben, bevor die ursprüngliche Festlegende des Purim-Festes damit verbunden wurde. Dies scheint auch die sogenannte lukanische Rezension der Septuaginta anzudeuten (vgl. Torrey 1944: 15).

Esther erbittet vom König ein neues Reskript, damit das von Haman ausgestellte Reskript zur Vernichtung der Juden im ganzen Perserreich aufgehoben werde. Das neue Reskript wird im ganzen Reich verbreitet. Es ist für die Juden ein Festtag! *5. Szene (8,3–17)*

Gemäß dem neuen königlichen Reskript nehmen nun die Juden Rache an ihren Feinden, und zwar am 13. Adar, den einst Haman für ihre Vernichtung bestimmt hatte. In diesem Abschnitt ist es dem Erzähler wohl am schlechtesten gelungen, die verschiedenen Überlieferungen zu harmonisieren. 9,2–5 handelt von der generellen Vernichtung der Judengegner im ganzen Reich. *6. Szene (9,1–16)*

9,6–10 berichtet von der Tötung von 500 Mann in der Burg von Susa sowie von der Tötung der 10 Söhne Hamans. Ausdrücklich wird vermerkt, daß keine Beute gemacht wurde! Da offenbar eine weitere Tradition davon gesprochen hatte, daß in Susa 300 Mann getötet und die Söhne Hamans aufgehängt worden sind, versucht der Redaktor diese Unstimmigkeiten damit auszugleichen, daß er die Königin vom König einen weiteren Tag in Susa zur Vernichtung der Judenfeinde erbitten läßt, den 14. Adar: Diese redaktorische Zusammenschau (9,11–15) ist völlig gekünstelt, stellt auch den König so hin, als wisse er nicht, was in seinem eigenen Palast geschehe, stört nicht, daß die zehn schon getöteten Söhne Hamans aufgehängt werden, hat daher das Ziel, unterschiedliche Überlieferungen zusammenzufassen und zu erklären, warum die Juden Susas am 15. Adar ihren Festtag feiern, während die Juden in den Provinzen diesen schon am 14. Adar begehen.

In 9,16a kommt der Erzähler nochmals auf die Aktionen der Juden in den Provinzen zu sprechen. 75 000 Judenfeinde werden getötet. Und zum dritten Mal wird vermerkt, daß sich die Juden am Besitz ihrer Feinde nicht vergriffen haben!

Ganz lapidar: da es historisch gesehen keinen von einem achämenidischen König befürworteten Plan zur Ausrottung der Juden in seinem Reich gegeben hat, gab es daher auch keine Vernichtung der »Judenfeinde«! Die Szenen 1–6 sind vielmehr eine Transformation der innerpersischen Religionsprobleme von Kambyses bis Xerxes I., die vorher bereits genannt wurden. Lokale Auseinandersetzungen zwischen den Persern treuen und ergebenen Juden zur Zeit der babylonischen Aufstände in der Anfangszeit Xerxes' I. und aufständischen Gruppierungen mögen dazu der Anlaß gewesen sein.

7. Szene (9,17–19)

Am 15. Adar ist das Fest für die Juden Susas, am 14. Adar für alle anderen Juden im Perserreich. Dieses Fest ist gekennzeichnet durch Freude, Festmähler und ein sich gegenseitiges Beschenken.

Damit verknüpft der Redaktor seine bisherige Erzählung mit der ihm vorliegenden Tradition des Purim-Festes.

Das abschließende Purim-Fest (9:,20–10:,3)

Weil das Pur (Los) auf den 13. Adar gefallen war und an diesem Tag alle Juden hätten vernichtet werden sollen, wird nun der 13. und 14. Adar als das Purim-Fest für alle

Juden zur jährlichen Feier vorgeschrieben. Beide positiven Hauptakteure kommen dabei zur Sprache. Mordechai gebietet dieses Fest allen Juden für alle Zeiten und ebenso die Königin Esther. Aber unverkennbar ist jetzt bereits der Zug der Tradition, den Befehl der Königin zur Feier des Purim-Festes dem des Mordechai unterzuordnen. Wird dies vergleichsweise noch sehr diskret versucht, so legt der redaktorische Schluß des hebräischen Esther-Buches (10,1–3) das Gewicht ausschließlich auf den Mann Mordechai und übergeht brutal die eigentliche Heldin unserer Geschichte, Esther.
Das persische Neujahrsfest, das die Juden des Reiches wohl schon seit Kyros II. so wie die Einheimischen feierten, ist als Purim-Fest schließlich ihr ureigenstes Fest geworden und bis zum heutigen Tag geblieben!

Die griechischen Zusätze

Die griechische Fassung läßt die »Ereignisse« unter dem Großkönig Artaxerxes spielen, wohl unter Artaxerxes I., falls nicht eine Verwechslung mit dem hebräischen Namen Achaschwerosch für Xerxes vorliegt.
Gleich zu Beginn wird der Jude Mordechai mit seinem Traumgesicht vorgestellt (1,1a–1l). Träume haben in der Bibel eine lange Tradition, und sie können durchaus als Hereinbrechen der Transzendenz in unsere Welt verstanden werden (vgl. Jaroš 1982: 31–50). Das Traumgesicht des Mordechai ist aber am ehesten im Bereich der apokalyptischen Träume des Danielbuches (Dan 7–8) angesiedelt. Ein Merkmal dieser Träume ist es, daß sie der Mensch von sich aus nicht verstehen kann; es bedarf z. B. eines Engels, der die Traumvision deutet. Ferner geht es in diesen Träumen um ein endzeitliches Geschehen. Diese Kri-

terien sind bei Mordechais Traum zwar nicht voll gegeben, indirekt aber vorhanden. Mordechai kann seinen Traum nicht deuten (1,1l), und kein Engel eilt herbei, dies zu tun. Aber die griechische Fassung der Esther-Rolle, die das ganze Geschehen auch direkt unter den Plan Gottes stellt, deutet den Traum, so daß ihn der Mensch Mordechai schließlich auch verstehen kann (10,3a–3k). Der Inhalt des Traumes ist durch apokalyptische Klischees geprägt: Geschrei und Lärm, Donner und Erdbeben, Tumult (vgl. Matth 24,7), die beiden kämpfenden Drachen (vgl. Offb 12,3 und 13,1–18), den Krieg gegen das Volk der Gerechten (Matth 24,6f), die kleine Quelle und den Strom (vgl. Offb 22,1), Licht und Sonne (vgl. Matth 24,29 Offb 21,23). Dieser apokalyptisch anmutende Apparat dient hier allerdings nicht dazu, endzeitliches Geschehen anzukünden, sondern den Ablauf einer konkreten Geschichtsphase darzustellen, in der letztendlich das Gute über das Böse siegt. 1,1m–1r nimmt gerafft den Lauf der Geschichte vorweg: Mordechai deckt die Verschwörung gegen den König auf. Er wird dafür ausdrücklich belohnt. Der Bugäer Haman plant das Unheil über Mordechai und die Juden, weil ihm offenbar die Verschwörer nahestanden.
Die griechische Fassung versucht so, an das Ende der hebräischen Überlieferung anzuknüpfen, daß die entscheidende Person der Mann Mordechai und nicht die Frau und Königin Esther ist.
3,13a–13g suggeriert den direkten Wortlaut des königlichen Reskriptes gegen die Juden, ist teils dem hebräischen Text nachgebildet, setzt aber in seinen weiteren Formulierungen schon Erfahrung mit Judenverfolgungen der seleukidischen Zeit voraus (vgl. besonders 13e, wo von »absonderlichen und befremdlichen« Gesetzen der Juden die Rede ist, als welche sie die Seleukiden empfunden haben).

Die Gebete Mordechais (4,17a–17i) und Esthers (4,17k–17z) sind nicht gerade originell, sondern eine Komposition aus verschiedenen Elementen der biblischen Literatur, die auf die konkrete Situation angepaßt werden. Auch in den Gebeten weht der apokalyptische Wind, so wenn z. B. Gott in seiner kosmischen Dimension angerufen wird (17b). Die beiden Gebete sind ebenfalls vor dem Hintergrund der Judenverfolgung unter den Seleukiden verständlich und passen eigentlich nicht zur alten, hebräischen Erzählung. Die Verse 17u und w tragen ganz besonders dick auf: Esther verabscheue das Ehebett der Unbeschnittenen und der Fremden. Hier ist nichts mehr von der hebräischen Erzählung zu vernehmen, für die es eine Ehre und Freude ist, daß eine Tochter ihres Volkes vom Großkönig zur Frau genommen wird. Das ist der Geist Esras und Nehemias sowie der chassidischen Bewegung des 2. Jhs. v. Chr. Aber es kommt noch ärger: Esther verabscheue ihre königlichen Insignien wie ein durch das Menstruationsblut verschmutztes Tuch. Ärger kann man die persischen Königssymbole gar nicht mehr beschimpfen. Zwar spielt hier kaum noch die altorientalische Vorstellung mit hinein, daß die Menstruierende von Dämonen umgeben sei, wohl aber Lev 15,19–24, wo die menstruierende Frau und alles, was mit ihr in Berührung kommt, sieben Tage für unrein erklärt werden. Ein durch das Menstruationsblut beschmutztes Tuch kann kultisch unrein machen und wird daher verabscheut. Wenn also Esther ihre königlichen Insignien ebenso verabscheut, dann deswegen, weil sie gleichermaßen kultisch unrein machen. Der Leser im 2. Jh. v. Chr. sollte nun klar sehen können, daß für Esther die königliche Würde verabscheuungswürdig und sie quasi ein »Opfer« der Umstände war.

Die ausdrückliche Bemerkung in V 17x, daß Esther nie

Trankopferwein genossen habe, erinnert ebenfalls an die Zeit der seleukidischen Verfolgung, wie sie 1 Makk 1–2 und 2 Makk 6–7 schildern.
Im 5. Kapitel genügte den griechischen Übersetzern die einfache Erzählung über den Verlauf der Audienz beim König nicht mehr, und sie ergänzten in übertreibender hellenistischer Weise, daß Esther gleich zweimal vor dem König in Ohnmacht gefallen sei. Nicht die starke und entschlossene Frau (vgl. Spr 31,10–31 Hld 2,1–2), sondern das schwache Geschöpf, das im Gehorsam gegen Mordechai handelt, wird hier hervorgehoben.
So wie vorher das Reskript des Königs gegen die Juden im Wortlaut gebracht wurde, bringt 8,12a–12v auch den Wortlaut des Gegenreskriptes, das letztlich den hellenistischen Lesern des Buches klar machen möchte, daß die Juden trotz und gerade durch ihre göttliche Auserwählung normale und rechtschaffene Bürger sind.
Mit der Beglaubigung 10,3l, wie sie die spätere hellenistische Zeit liebt (vgl. 2 Makk 15,37–39 Aristeasbrief 322), schließt das griechische Esther-Buch.

Die literarischen Gattungen

Es gibt in der Fachwelt rund ein Dutzend Vorschläge für die literarische(n) Gattung(en) der Esther-Rolle, von denen sich jedoch keiner einer allgemeinen Annahme erfreut.
Es scheint ratsam, komplizierte Gattungsbezeichnungen zu vermeiden und einfach von einer ERZÄHLUNG zu sprechen. In diese Erzählung haben aber unterschiedliche literarische Motive Aufnahme gefunden: chronikartige Berichte, volkstümliche Märchen und die Purim-Fest-

legende. Anklänge an die literarische Überlieferung Judas und Israels sind zwar vorhanden, so an die Josefs-Erzählung (Gen 37–50) und an den Aufenthalt Israels in Ägypten (Ex 1–12), doch scheinen mir die Unterschiede so beträchtlich, daß höchstens von traditionellen thematischen Vorgaben gesprochen werden kann. Die hebräische Erzählung läuft darauf hinaus, das von den Juden gefeierte persische Neujahrsfest mit einem bestimmten Punkt der Geschichte zu verbinden (13. Adar) und es so auf einer historischen und nicht mehr naturhaft nomadischen Ebene für die östliche Diaspora vorzuschreiben. Ein durchaus ähnlicher Vorgang ist beim Pesach-Fest zu beobachten, der die Überlieferungen des alten Israel von der naturhaft-nomadischen Ebene abgehoben, mit Mose und dem Exodus historisch konkret verbunden hat.
Wenn man daher nach einer differenzierteren Gattungsbezeichnung sucht, dann bietet sich für unsere Erzählung »Festlegende für Purim« (Bardtke 1963; Dommerhausen 1980; Ringgren 1981) am besten an.

Im griechischen Esther-Buch sind eine Reihe neuer Elemente dazugekommen: solche des hellenistischen Romanes (Kapitel 5), die pseudoepigraphische Schreibweise (die beiden Reskripte und die Schlußbeglaubigung), apokalyptische und weisheitliche Züge (der Traum Mordechais und seine Deutung), religiöse Motivationen (die Gebete Mordechais und Esthers), die Rechtfertigung jüdischer Sitten (Reskript für die Juden) und die Tendenz, die weibliche Hauptgestalt Esther der des Mannes Mordechai unterzuordnen.
Zweifelsohne will auch das griechische Esther-Buch die Festlegende für Purim sein, die jedoch nun die Gattung einer national-religiösen Legende oder eines national-religiösen Romanes angenommen hat.

Die zeitliche Einordnung

Die hebräische Überlieferung, wie sie heute vorliegt, ist kaum in der Zeit Xerxes' I. entstanden, obwohl einzelne Erzählfäden bis in die Zeit des Dareios und Kyros noch zurückreichen mögen. Die guten Kenntnisse des Erzählers über Sitten, Gebräuche, Hofzeremoniell etc. des persischen Reiches lassen es aber nicht geraten erscheinen, in der Datierung sehr weit unter Xerxes I. zu gehen. Die mir wahrscheinlichste Lösung ist, daß die hebräische Esther-Rolle in Susa zur Zeit Artaxerxes' I. (465–424 v. Chr.) entstanden ist.

Die Erweiterungen und Ergänzungen, wie sie die griechische Überlieferung festhält, haben mit den persischen Verhältnissen kaum mehr etwas zu tun und sind wohl in Palästina im Anschluß an die seleukidische Verfolgung und hasmonäische Erhebung in der 2. Hälfte des 2. Jhs. v. Chr. entstanden. Die Spuren des apokalyptischen Denkens sind nicht zu übersehen.

Exkurs: Der Kalender der hebräischen Esther-Rolle

Neben der im Alten Orient gebräuchlichen Datierung im bestimmten Jahr eines Königs begegnet in der Esther-Rolle der für den mesopotamischen Raum übliche Mondkalender.

In Mesopotamien war seit ältester Zeit ein Mondkalender in Verwendung. Das Jahr hatte 12 Monate zu je 29 oder 30 Tagen. Ein neuer Monat begann an dem Abend, an dem das neue Anwachsen des Mondes beobachtet werden konnte. Die Monatsbezeichnungen variierten. Seit der Regierungszeit des assyrischen Königs Tiglat-Pilesers I. (ca. 1112–1074 v. Chr.) dominierte der babylonische Kalender. Das Jahr begann am 1. Nisanu und endete am letzten Tag des Adaru. Da das Mondjahr hinter dem Sonnenjahr um ca. 11 Tage zurückhinkt, war man zu Schaltmonaten gezwungen, die die staatliche Autoritäten alle zwei bis drei Jahre verfügten. Die gelehrten babylonischen Astronomen hatten bereits errechnet, daß das Mondjahr nach 19 Jahren mit dem Sonnenjahr zusammenfiel, wenn Mondmonate geschaltet wurden. Diese Erkenntnis wurde jedoch erst in persischer Zeit, zu Beginn des 4. Jhs. v. Chr., genau beachtet und festgelegt. In der Frühzeit Persiens dürfte weiterhin ein bäuerlicher Kalender verwendet worden sein, der jedoch vermutlich schon unter Kyros und Dareios immer mehr vom babylonischen Mondkalender verdrängt wurde.

Für das alte Israel ist die Annahme eines Mondkalenders am wahrscheinlichsten. Bis in die rabbinische Zeit erfolgte die Schaltung nach der Erfahrung, bis man schließlich den babylonischen Zyklus von 19 Jahren mit genau festgelegten Interkalationen übernahm. In der Diaspora des Ostens dürfte aber der babylonische Kalender schon weit früher übernommen worden sein. Der Beginn des Jahres lag seit dem 10. Jh. v. Chr. im Herbst, am 1. Tischri, was sowohl der Bauernkalender von Gezer (vgl. Jaroš 1982: 37f Nr. 11) als auch der israelitische Festkalender (Ex 23,14–19; 34,18–26; Lev 23,1–14; Dtn 16,1–7) bezeugen. Dieser Jahresbeginn könnte durch die Übernahme der kanaanäisch-bäuerlich-urbanen Kultur durch die Israeliten bedingt gewesen sein. Für die Israeliten in ihrem nomadischen bzw. seminomadischen Stadium könnte der Jahresanfang im Frühling gewesen sein, da dies für Hirtenkulturen eher typisch ist.

Im assyrisch-babylonischen Kalender lag der Jahresbeginn ebenfalls im Frühling, am 1 Nisanu. Das Nordreich Israel hatte durch den assyrischen Einfluß den Jahresbeginn bereits im Frühling, sicher jedoch nach 722/21 v. Chr., als das Nordreich in assyrische Provinzen zerfiel. Die Kontrakte von Gezer (Macalister I 1912: 23–29) und Samaria (Reisner/Fisher/Lyon I 1924: 247 Nr. 1 Pl. 56) geben dafür ein Zeugnis. Im Südreich dürfte die Übernahme des babylonischen Kalenders unter König Jojakim (608–598 v. Chr.) erfolgt sein (de Vaux I 1964: 308f). Lediglich in der Diaspora des Ostens führte dann der Frühlingstermin für Neujahr zu einem neuen Fest, nämlich dem Purim-Fest. Das übrige Judentum hat zwar das Purim-Fest übernommen, jedoch nicht mehr als ein Neujahrsfest. Die Mischna (Traktat Rosch ha-Schana 1,1) bestätigt lediglich den wieder seit Jahrhunderten in Geltung stehenden Jahresbeginn im Herbst, am 1. Tischri; das ist nun aber der erste des 7. Monats, da die babylonische Numerierung beibehalten wurde.

Die Reihenfolge der Monate

A	B	C	D
1	7	Tischri	Sept./Okt.
2	8	Marheschvan	Okt./Nov.
3	9	Kislew	Nov./Dez.
4	1		
	0	Tebet	Dez./Jan.
5	11	Schebat	Jan./Febr.
6	12	Adar	Febr./März
7	1	Nisan	März/April
8	2	Ijjar	April/Mai
9	3	Siwan	Mai/Juni
10	4	Tammuz	Juni/Juli
11	5	Ab	Juli/Aug.
12	6	Elul	Aug./Sept.

A = ursprüngliche israelitische Zählung
B = babylonisch/jüdische Zählung
C = babylonisch/jüdische Monatsbezeichnung
D = Monate des Gregorianischen Kalenders

Kapitel 4

Der Esther-Zyklus von Dura-Europos

Dura-Europos liegt am westlichen Ufer des mittleren Euphrat, heute Qalat es-Salihiya. Durch diese Lage der Stadt an der sogenannten »parthischen Königsstraße«, die von Syrien nach Babylonien führte, galt Dura-Europos als eine der wichtigen Stationen am Euphrat. Der erste Bestandteil des Wortes »Dura« kommt aus dem Akkadischen und bedeutet soviel wie »Mauer«. Die griechisch-makedonische Bezeichnung »Europos« wurde mit dem ersten Namen der Stadt verknüpft, eine Art Erinnerung an den aus Makedonien stammenden Nikanor. Dura-Europos wurde aber nicht von diesem Nikanor, sondern von Seleukos I. Nikator um 312 v. Chr. gegründet. Die Stadt wurde hauptsächlich von makedonischen Militärkolonisten besiedelt, konnte sich jedoch eines immer stärker werdenden orientalischen Einflusses nicht entziehen. Unter Kaiser Trajan wurde Dura-Europos im Jahre 116 n. Chr. römisch und war bis ins 3. Jh. n. Chr. eine bedeutende Karawanenstadt, über die die kürzeste Verbindung vom Mittelmeer zum Orient führte. Die Kämpfe zwischen Sasaniden und Römern führten schließlich im Jahre 253 n. Chr. zur Räumung der Stadt, bis sie schließ-

lich 273 n. Chr. völlig aufgegeben wurde. Seither gab es keine kontinuierliche Besiedlung mehr (Vgl. Treidler H., Dura-Europos, Der Kleine Pauly II, München 1979, 179–181. Andresen C., Dura-Europos, Lexikon der Alten Welt I, Augsburg 1994, 780–782).
Von 1928–1938 führten die Universität von Yale und die französische Akademie unter der Leitung von M. Rostovtzeff in Dura-Europos wissenschaftliche Ausgrabungen durch, deren interessantes Gesamtergebnis wohl das ist, daß hier Jahrhunderte die Angehörigen der verschiedenen Religionen, seien es Anhänger griechischer oder orientalischer Kulte, seien es Juden, seien es Christen, friedlich nebeneinander lebten und in ihren Kultbauten künstlerische Meisterwerke schufen.

Zur Synagoge von Dura-Europos

Abb. 6 und 7

Die archäologische Erforschung dieses Kultbaues wurde im Spätherbst 1932 durchgeführt. Die Synagoge war direkt an die westliche Stadtmauer gebaut und hatte eine Höhe von 7 m. Die Nord- und Südmauer des Bethauses fielen entsprechend dem Böschungswinkel der Stützmauer ab. Die östliche Mauer ist nur mehr bis zu einem Drittel ihrer ursprünglichen Höhe erhalten. Alle vier Wände sind in drei übereinanderliegenden Registern mit Fresken geschmückt, die Szenen aus der hebräischen Bibel zeigen. Die aufgefundenen Plafondziegel sind ebenfalls bemalt und lassen durch eine Gründungsinschrift für den Kultbau eine Datierung in die Jahre 244/45 zu. Unter dieser Synagoge stießen die Ausgräber auf eine um ca. 50 Jahre ältere, die jedoch keine figürlichen Darstellungen, sondern nur Ornamente aufwies.

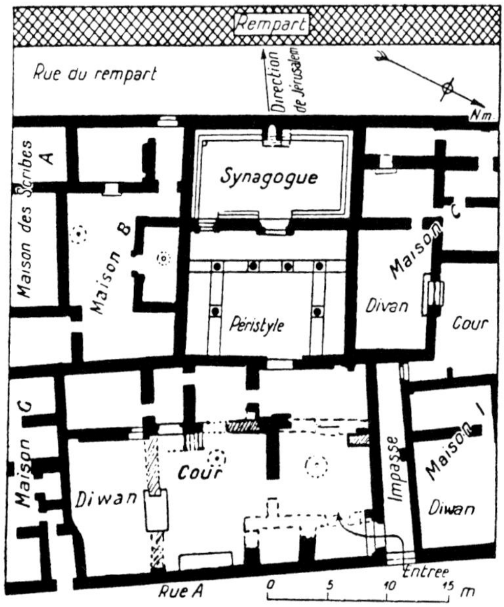

Abb. 6 Grundriß des Synagogenkomplexes von Dura-Europos (Bossert 1951: 124 Abb. 399)

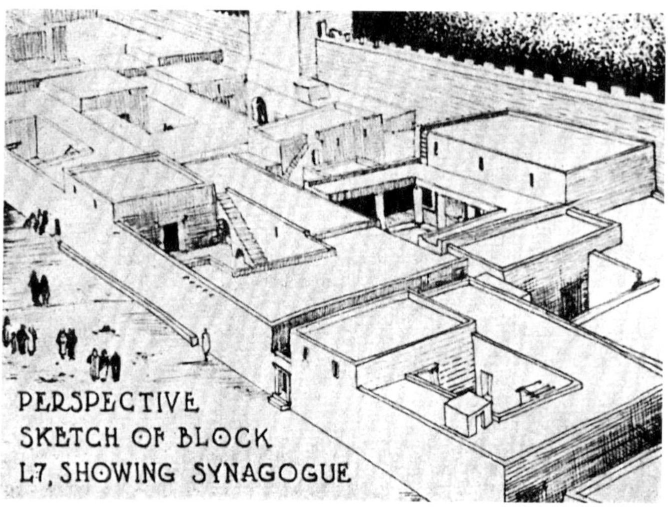

Abb. 7 Rekonstruktion des Synagogenkomplexes von Dura-Europos (Bossert 1951: 123 Abb. 397)

Die einzelnen Bilder des Esther-Zyklus

Unmittelbar links an die Thora-Nische anschließend ist *Taf. VI* im untersten Register der Westwand der Esther-Zyklus erhalten, der von einem schwarzen Ornamentrahmen umgeben ist. Der Zyklus besteht aus zwei Szenen, die durch eine frontale Gruppe in der Mitte zusammengehalten werden. Der Hintergrund des Registers ist grün gehalten.

Die linke Szene zeigt einen Reiter auf einem Schimmel. Der Schimmel wird am Zaumzeug von einem barfüßigen Mann geführt. Unter dem Bauch des Pferdes steht in aramäischer Sprache der Name »Mordechai«. Wir haben es hier also mit einer bildlichen Veranschaulichung von Esth 6,11 zu tun, wo Haman im Auftrag des Königs die Ehrung Mordechais durchführen muß. Die Kleidung, die Mordechai trägt, stimmt völlig mit einer späteren Szene des Esther-Buches (8,15) überein. Die vier stehenden Figuren in der Mitte haben jeweils ihren rechten Arm erhoben. Sie sind vermutlich als Repräsentanten der Öffentlichkeit von Susa gedacht. Ihr erhobener Arm, ein Gruß- und Akklamationsgestus, ist jedoch eher unpersisch. Für gewöhnlich ist dieser Gestus der erhobenen Hand dem Großkönig als Reverenz der Gottheit gegenüber vorbehalten oder auch dem Kronprinzen, der den Großkönig feierlich begrüßt. Auch Ahura Mazda selber kann mit segnend und grüßend erhobenem Arm dargestellt werden. Der typische Gruß der persischen Repräsentanten gegenüber dem Großkönig oder seinem Vertreter ist der nach unten gestreckte rechte Arm. Für Syrer und Babylonier scheint es jedoch Ausnahmen gegeben zu haben (vgl. Hinz II 1979: 203–208).

Die rechte Szene faßt mehrere Elemente des biblischen *Taf. VII* Textes zusammen. Über fünf goldenen Stufen, die an

beiden Seiten abwechselnd mit Löwen und Adlern geschmückt sind, sitzt König Achaschwerosch auf seinem Thronsessel. Sein Name ist auf die dritte Stufe geschrieben (heute kaum mehr erkennbar). Nach jüdischer Überlieferung (Sperber 1968: 173–175) war dies der Thron Salomos. Seine Beschreibung nach dem Targum zu Esth 1,2 stimmt mit diesem Bild ziemlich genau überein. Dies zeigt auch, daß sich der Künstler nicht nur vom biblischen Text, sondern auch von der aramäischen volkstümlichen Paraphrasierung des biblischen Textes inspirieren ließ. Achaschwerosch sitzt majestätisch auf diesem Thron. Auf seinem Kopf trägt er eine konisch zulaufende Mütze. Links vom König stehen ein Beamter und der Schreiber, der in seinen Händen eine Schreibtafel hält. Rechts hinter dem Thron steht ein weiterer Thronsessel, auf dem die Königin Esther sitzt. Ihr Name ist unter dem Fußschemel in aramäischer Sprache zu lesen (heute kaum mehr erkennbar); links neben der Königin eine Hofdame.
Von links her eilt eine vornehme Gestalt auf den König zu, die eine Schriftrolle hochhält. Der rechte Arm des Königs ist auf diese Rolle hin gerichtet. Es ist am wahrscheinlichsten, daß hier der königliche Widerruf der Judenverfolgung (Esth 8,5–8) angedeutet werden soll (vgl. Schubert 1974: 39f).

Abkürzungen der biblischen Bücher

Gen	Das Buch Genesis
Ex	Das Buch Exodus
Lev	Das Buch Levitikus
Dtn	Das Buch Deuteronomium
Ri	Das Buch Richter
1 Sam	Das erste Buch Samuel
1 Kön	Das erste Buch der Könige
Esra	Das Buch Esra
Neh	Das Buch Nehemia
Esth	Das Buch Esther
1 Makk	Das erste Buch der Makkabäer
2 Makk	Das zweite Buch der Makkabäer
Ijob	Das Buch Ijob
Ps	Das Buch der Psalmen
Spr	Das Buch der Sprichwörter
Hld	Das Hohe Lied
Jes	Das Buch des Propheten Jesaja
Ez	Das Buch des Propheten Ezechiel
Dan	Das Buch Daniel
Matth	Das Evangelium nach Matthäus
Joh	Das Evangelium nach Johannes
Offb	Die Offenbarung des Johannes

---

3 Makk	Das dritte Buch der Makkabäer (apokryph, nicht zur Bibel gehörend)

Verzeichnis der Tafeln mit Photonachweis

Tafel I: König Dareios. Ausschnitt aus dem Felsrelief von Bisotun (Koch 1992 Tafel 3).

Tafel II: Marc Chagall, König Achaschwerosch vertreibt die Königin Waschti; Aquarell, Gouache und Tusche, 33 × 26,6 cm, signiert, rückseitig bezeichnet: La Reine Vashti quitte le Palais, Original zur Farblithographie M.251 (Marc Chagall, Die Bibel, Gouachen, Aquarelle, Pastelle und Zeichnungen aus dem Nachlaß des Künstlers, hrg. von B. Roland, Mainz 1990, 96 Nr. 70).

Tafel III: Marc Chagall, Esther und Mordechai, Tusche, laviert, und Gouache, 35,7 × 26,8 cm, signiert, rückseitig bezeichnet: Conversation entre Mardochai et Esther, VERVE-Bibel II, Nr. 55 (ebd. 97 Nr. 71).

Tafel IV: Marc Chagall, Esthers Audienz beim König Achaschwerosch, Tusche, laviert, auf Japan-Papier, 33,8 × 26 cm, signiert, rückseitig bezeichnet: Démarche d'Esther auprès du Roi, VERVE-Bibel II, Nr. 57 (ebd. 98 Nr. 72).

Tafel V: Marc Chagall, Esther klagt Haman an, Tusche, laviert, auf Japan-Papier, 33,2 × 25,7 cm, signiert, bezeichnet: Haman, rückseitig bezeichnet: Humilisation d'Haman, VERVE-Bibel II, Nr. 59 (Marc Chagall 1990: 99 Nr. 73).

Tafel VI: Gesamtbild des Esther-Zyklus der Synagoge von Dura-Europos. 244/45 n. Chr., Westwand, unterstes Register, links an die Thora-Nische anschließend (Kraeling 1956: Pl. 64/65). Photo: Nationalmuseum Damaskus.

Tafel VII: Der Widerruf des Erlasses gegen die Juden, rechte Szene des Esther-Zyklus der Synagoge von Dura-Europos, 244/45 n. Chr., Westwand, unterstes Register, links an die Thora-Nische anschließend (Kraeling 1956: Pl. 64/65). Photo: Nationalmuseum Damaskus.

Literaturverzeichnis und Abkürzungen

Anderson, B. W., The Place of the Book Esther in the Christian Bible, The Journal of Religion 30 (1950) 32–43.

Angerstorfer, A., Esterbuch, NBL I: 603–606.

ANET = Pritchard, J. B., Ancient Near Eastern Texts relating to the Old Testament, Princeton ³1969.

AOT = Gressmann, H., Altorientalische Texte zum Alten Testament, Berlin – Leipzig ²1926.

Arenhoevel, D./Deissler, A./Vögtle, A. (Hrg.), Die Bibel, Deutsche Ausgabe mit den Erläuterungen der Jerusalemer Bibel, Freiburg – Basel – Wien ⁶1968.

Bardtke, H., Das Buch Esther, Kommentar zum Alten Testament XVII/5, Gütersloh 1963, 243–408.

Ders., Zusätze zu Esther, W. G. Kümmel, Historische und Legendarische Erzählungen, Jüdische Schriften aus hellenistisch-römischer Zeit I/1, Tübingen 1973.

Bea, A., De origine vocis pûr, Biblica 21 (1940) 198.

Bergey, R. L., Post Exilic Hebrew Linguistic Developments in Esther: A Diachronic Approach, Journal of the Evangelical Theological Society 31 (1988) 161–168.

Bossert, H. Th., Altsyrien, Tübingen 1951.

Botterweck, G. J., Die Gattung des Buches Esther im Spektrum neuerer Publikationen, Bibel und Leben 5 (1964) 274–282.

Boyce, M. A., History of Zoroastrianism, Band I–II, Leiden 1975–1982.

Cazelles, H., Note sur la composition du rouleau d'Esther, Festschrift Junker, Trier 1961, 17–29.

Danby, H., The Mishna, Translated from the Hebrew with Introduction and brief Explanatory Notes, Oxford 1972 (Nachdruck).

Deissler, A./Vögtle, A./Nützel, J. M. Neue Jerusalemer Bibel, Einheitsübersetzung mit dem Kommentar der Jerusalemer Bibel, neu bearbeitete und erweiterte Ausgabe, Darmstadt 1987.

Dommershausen, W., Die Estherrolle, Stuttgarter Biblische Monographien 6, Stuttgart 1966.

Ders., Ester, Neue Echter Bibel, Würzburg 1980.

DS = Denzinger, H./Schönmetzer, A., Enchiridion Symbolorum, Definitionum et Declarationum de Rebus Fidei et Morum, Barcinone – Friburgi/Brisgoviae – Romae [23]1965.

Duchesne-Guillemin, J., Zoroastre: Étude critique avec une traduction commentée des Gâthâ, Paris 1948.

Ders., La Religion de l'Iran ancien, Paris 1962.

Ehrlich, E. L., Der Traum des Mordechai, Zeitschrift für Religions- und Geistesgeschichte 7 (1955) 65–74.

Elliger, K./Rudolph, W. (Hrg.), Biblia Hebraica Stuttgartensia, Stuttgart 1977.

Eissfeldt, O., Einleitung in das Alte Testament unter Einschluß der Apokryphen und Pseudepigraphen sowie der apokryphen und pseudepigraphenartigen Qumran-Schriften, Neue theologische Grundrisse, Tübingen [3]1964.

Feix, J., Herodot, Historien, Griechisch-deutsch, Tusculum Bücherei, Band I–II, München ²1977.

Gardner, A. E., The Relationship of the Additions to the Book of Esther to the Maccabean Crisis, Journal of the Study of Judaism in the Persian, Hellenistic and Roman Period 15 (1984) 1–8.

Gehman, H. S., Notes on the Persian Words in the Book of Esther, Journal of Biblical Literature 43 (1924) 321–328.

Gerleman, G., Studien zu Esther, Biblische Studien 48, Neukirchen. Vluyn 1966.

Ders., Esther, Biblischer Kommentar zum Alten Testament XXI, Neukirchen. Vluyn ²1973.

Gnoli, Gh., Zoroaster's Time and Homeland: A Study on the Origins of Mazdeism and Related Problems, Naples 1980.

Ders., De Zoroastre à Mani, Paris 1985.

Gordis, R., Studies in the Esther Narrative, Journal of Biblical Literature 95 (1976) 43–58.

Ders., Religion, Wisdom and History in the Book of Esther – a now solution to an Ancient Crux, Journal of Biblical Literature 100 (1981) 359–388.

Grossfeld, B., The First Targum to Esther, New York 1983.

Herrmann, S., Geschichte Israels in alttestamentlicher Zeit, München 1973.

Herzfeld, E., Zoroaster and his World, Vol. I–II, reprint New York 1973.

Hinz, W., Darius und die Perser, Eine Kulturgeschichte der Achämeniden, in: Holle, Vergangene Kulturen, hrg. von U. K. Paschke, Band I–II, Baden-Baden 1976 und 1979.

HOSCHANDER, J., The Book of Esther in the Light of History, Philadelphia 1923.
HUMPHREYS, W. L., A Life-Stile for Diaspora: A Study of the Tales of Esther and Daniel, Journal of Biblical Literature 92 (1973) 211–123.
HUTTER, M., Iranische Elemente im Buch Esther, H. D. Galter (Hrg.), Kulturkontakte und ihre Bedeutung in Geschichte und Gegenwart des Orients, Graz 1986, 51–66.
DERS., Iranische Neujahretymologie und der Traum des Mordechai, Biblische Notizen 44 (1988) 39–45.

JAROŠ, K., Sichem, Eine archäologische und religionsgeschichtliche Studie unter besonderer Berücksichtigung von Josua 24, Orbis Biblicus et Orientalis 11, Freiburg/Schweiz – Göttingen 1976.
DERS., Die Stellung des Elohisten zur Kanaanäischen Religion, Orbis Biblicus et Orientalis 4, ²1982.
DERS., Hundert Inschriften aus Kanaan und Israel, Fribourg 1982.
DERS., Kanaan, Israel, Palästina, Ein Gang durch die Geschichte des Heiligen Landes, Kulturgeschichte der Alten Welt 51, Mainz ²1993.
DERS., Wurzeln des Glaubens, Zur Entwicklung der Gottesvorstellung bei Juden, Christen und Muslimen, Kulturgeschichte der Alten Welt 63, Mainz 1995.
JONES, B. W., Two Misconceptions about the Book of Esther, Catholic Biblical Quarterly 39 (1977) 171–181.

KAI = DONNER, H./RÖLLIG, W., Kanaanäische und aramäische Inschriften I–III, Wiesbaden 1966–1969.
KAUTZSCH, E., Die Apokryphen und Pseudepigraphen des Alten Testaments I–II, Darmstadt ²1962.

DERS., Die Heilige Schrift des Alten Testaments I–II, Tübingen 1922–1923 (Nachdruck Darmstadt 1971).
KEEL, O./UEHLINGER, C., Göttinen, Götter und Gottessymbole, Neue Erkenntnisse zur Religionsgeschichte Kanaans und Israels aufgrund bislang unerschlossener ikonographischer Quellen, Quaestiones Disputatae 134, Freiburg – Basel – Wien 1992.
KITTEL, R. (Hrg.), Biblica Hebraica, Stuttgart 1937.
KOCH, H., Es kündet Dareios der König . . . Vom Leben im persischen Großreich, Kulturgeschichte der Antiken Welt 55, Mainz 1992.
KÖNIG, F. KARDINAL, Der Glaube der Menschen, Christus und die Religionen der Erde, Wien 1994.
KRAELING, C. H., The Synagogue, The Excavations at Dura Europos, Final Report VIII, part 1, New Haven 1956.

LACHS, S. T., »Hadassah that is Esther«, Journal of the Study of Judaism in the Persian, Hellenistic and Roman Period 10 (1979) 219–220.
LEBRAM, J., Purimfest und Estherbuch, Vetus Testamentum 22 (1972) 208–222.
LEWY, J., The Feast of the 14th Day of Adar, Hebrew Union College Annual 14 (1939) 127–151.
LOCKERBIE, J., Esther, Das Buch der Vorsehung Gottes, Marburg 1979.

MACALISTER, R. A. S., The Excavations of Gezer 1902–1905 and 1907–1909, Vol. I–III, London 1912.
MAYER, R., Iranischer Beitrag zu Problemen des Daniel- und Esther-Buches, Festschrift Junker, Trier 1961, 127–135.
MEINHOLD, A., Die Gattung der Josephsgeschichte und des Estherbuches: Diasporanovelle II, Zeitschrift für die Alttestamentliche Wissenschaft 88 (1976) 72–93.

DERS., Zu Aufbau und Mitte des Estherbuches, Vetus Testamentum 33 (1983) 435–445.

MILLARD, A. R., The Persian Names in Esther and the Reliability of the Hebrew Text, Journal of Biblical Literature 96 (1977) 481–488.

MOORE, C. A., Esther, Anchor Bible 7B, Garden City (N. Y.) 1971.

DERS., Studies in the Book of Esther, New York 1982.

DERS., Daniel, Esther and Jeremiah, Anchor Bible 44 (1977) 153–252.

NBL = Neues Bibel-Lexikon, hrg. von M. Görg und B. Lang, Band I, Zürich 1991.

NOTH, M., Die israelitischen Personennamen im Rahmen der gemein-semitischen Namengebung, Stuttgart 1929, Nachdruck Hildesheim – New York 1980.

DERS., Geschichte Israels, Göttingen ^{7}1969.

NYBERG, H. S., Die Religionen des alten Iran, Osnabrück ^{2}1966.

RAHLFS, A., Septuaginta, Id est Vetus Testamentum graece iuxta LXX interpretes, Band I–II, Stuttgart ^{8}1965.

REISNER, G. A./FISHER, C. S./LYON, D. G., Harvard Excavations at Samaria, Vol. I: Text, Vol. II: Plans and Plates, Cambridge (Mass.) 1924.

RINGGREN, H., Esther und Purim, Svensk exegetisk Årsbok 20 (1955) 5–24.

DERS., Das Buch Esther, Das Alte Testament Deutsch 16,2, Göttingen 1981, 387–421.

SCHEDL, C., Geschichte des Alten Testamentes, Band V: Die Fülle der Zeiten, Innsbruck – Wien – München 1964, 137–162.

Schubert, U., Spätantikes Judentum und frühchristliche Kunst, Studia Judaica Austriaca II, Wien 1974.
Soggin, J. A., Einführung in die Geschichte Israels und Judas, Von den Anfängen bis zum Aufstand Bar Kochbas, Darmstadt 1991.
Sperber, A., The Bible in Aramaic IV A, Leiden 1968.
Stiehl, R., Das Buch Esther, Wiener Zeitschrift für die Kunde des Morgenlandes 53 (1956) 4–5.
Striedl, H., Untersuchungen zur Syntax und Stilistik des hebräischen Buches Esther, Zeitschrift für die Alttestamentliche Wissenschaft 55 (1937) 73–108.

Talmon, S., »Wisdom« in the Book of Esther, Vetus Testamentum 13 (1963) 419–455.
Thorton, T. C. G., The Crucifixion of Haman and the Scandal of the Cross, Journal of Theological Studies 37 (1986) 419–426.
Torrey, C. C., The Older Book of Esther, Harvard Theological Review 37 (1944) 1–40.
Tov, E., The »Lucanic« Text of the Canonical and the Apocryphal Sections of Esther, Textus 10 (1982) 1–25.

Ungnad, A., Neubabylonische Privaturkunden aus der Sammlung Amherst, Archiv für Orientforschung 19 (1959/60) 74–82.

de Vaux, R., Das Alte Testament und seine Lebensordnung, Band I: Fortleben des Nomadentums, Freiburg – Basel – Wien ²1964.

Weitzmann, K./Kessler, H.L. The Frescoes of the Dura Synagogue and Christian Art, Dumbarton Oaks Studies XXVIII, Washington D. C. 1989.

WHITE, S. A., Esther: A Feminine Model for Jewish Diaspora, P. L. Day, Gender and Difference in Ancient Israel, Minneapolis 1989, 161–177.
WIDENGREN, G., Hochgottglaube im alten Iran, Uppsala 1938.
DERS., Die Religionen Irans, Stuttgart 1965.
WIKANDER, S., Feuerpriester in Kleinasien und Iran, Lund 1946.
WINTER, U., Frau und Göttin. Exegetische und ikonographische Studien zum weiblichen Gottesbild im Alten Israel und in dessen Umwelt, Orbis Biblicus et Orientalis 53, Freiburg/Schweiz – Göttingen 1983.

ZADOK, R., Notes on Esther, Zeitschrift für die Alttestamentliche Wissenschaft 98 (1986) 105–110.
ZAEHNER, R. C., Zurvan: A Zoroastrien Dilemma, Oxford 1955.

KULTURGESCHICHTE DER ANTIKEN WELT · PHILIPP VON ZABERN

Band 1:
John Boardman
Schwarzfigurige Vasen aus Athen
Einführung und Handbuch
278 Seiten; 321 Abbildungen

Band 2: *vergriffen*
Maria Alföldi
Antike Numismatik · Teil 1: Theorie und Praxis

Band 3: *vergriffen*
Maria Alföldi
Antike Numismatik · Teil 2: Bibliographie

Band 4:
John Boardman
Rotfigurige Vasen aus Athen · Die archaische Zeit
285 Seiten; 528 Abbildungen

Band 5:
John Boardman
Griechische Plastik · Die archaische Zeit
297 Seiten; 481 Abbildungen

Band 6:
Karl-Theodor Zauzich
Hieroglyphen ohne Geheimnis
Eine Einführung in die altägyptische Schrift
125 Seiten; 8 Farb- und 6 Schwarzweißabbildungen

Band 7: 2. Auflage
Friedrich Karl Dörner
Vom Bosporus zum Ararat
Reise- und Fundberichte aus Kleinasien
XII, 362 Seiten mit 27 Textillustrationen; 13 doppelseitige Farbtafeln; 64 Schwarzweißabbildungen

Band 8: *vergriffen*
Friedrich Richter / Wilhelm Hornbostel
Unser tägliches Griechisch

Band 9: *vergriffen*
Sybille Haynes
Die Tochter des Augurs

Band 10: *vergriffen*
Volkert Haas
Hethitische Berggötter und hurritische Steindämonen
Riten, Kulte und Mythen

Band 11: *vergriffen*
Labib Habachi
Die unsterblichen Obelisken Ägyptens

Band 12: *vergriffen*
Gerd Hagenow
Aus dem Weingarten der Antike

Band 13: *vergriffen*
Denys Haynes
Griechische Kunst und die Entdeckung der Freiheit

Band 14: *vergriffen*
W. K. Lacey
Die Familie im antiken Griechenland

Band 15: *vergriffen*
Jost Perfahl
Wiedersehen mit Argos und andere Nachrichten über Hunde in der Antike

Band 16: *vergriffen*
Karl Schefold
Die Bedeutung der griechischen Kunst für das Verständnis des Evangeliums

Band 17: *vergriffen*
J. M. C. Toynbee
Tierwelt der Antike

Band 18: *vergriffen*
Hilde Rühfel
Das Kind in der griechischen Kunst

Band 19: *vergriffen*
Hilde Rühfel
Kinderleben im klassischen Athen

Band 20: *vergriffen*
A. M. Snodgrass
Wehr und Waffen im antiken Griechenland

Band 21: *vergriffen*
Patricia und Don R. Brothwell
Manna und Hirse
Eine Kulturgeschichte der Ernährung

Band 22: *vergriffen*
Roland Hampe
Antikes und modernes Griechenland

Band 23: *vergriffen*
Donna C. Kurtz / John Boardman
Thanatos
Tod und Jenseits bei den Griechen

Band 24: *vergriffen*
Alison Burford
Künstler und Handwerker in Griechenland und Rom

KULTURGESCHICHTE DER ANTIKEN WELT · PHILIPP VON ZABERN

Band 25: *vergriffen*
Howard Hayes Scullard
Römische Feste · Kalender und Kult

Band 26: *vergriffen*
Hermann Müller-Karpe
Frauen des 13. Jahrhunderts v. Chr.

Band 27: *vergriffen*
Barbara Deppert-Lippitz
Griechischer Goldschmuck

Band 28/1: *vergriffen*
Werner Ekschmitt
Kunst und Kultur der Kykladen
Teil I: Neolithikum und Bronzezeit

Band 28/2: *vergriffen*
Werner Ekschmitt
Kunst und Kultur der Kykladen
Teil II: Geometrische und Archaische Zeit

Band 29: *vergriffen*
Theodor Wiegand
Halbmond im letzten Viertel

Band 30: 2. erw. Auflage
Rainer Stadelmann
Die ägyptischen Pyramiden
Vom Ziegelbau zum Weltwunder
313 Seiten; 94 Textabbildungen; 23 Farb- und 54 Schwarzweißtafeln

Band 31: *vergriffen*
Claude Bérard, Jean Pierre Vernant u. a.
Die Bilderwelt der Griechen

Band 32: *vergriffen*
Frédéric L. Bastet
Hinter den Kulissen der Antike

Band 33:
Marcus Junkelmann
Die Legionen des Augustus
Der römische Soldat im archäologischen Experiment
313 Seiten mit 24 Textabbildungen; 80 Tafeln mit 31 Farb- und 126 Schwarzweißabbildungen

Band 34: *vergriffen*
Erika Simon
Die konstantinischen Deckengemälde in Trier

Band 35:
John Boardman
Griechische Plastik · Die klassische Zeit
323 Seiten mit 412 Abbildungen; 8 Farbtafeln

Band 36: *vergriffen*
Thomas Hägg
Eros und Tyche

Band 37:
Anne Johnson
Römische Kastelle
370 Seiten mit 229 Textabbildungen; 8 Farbtafeln mit 15 Abbildungen

Band 38: *vergriffen*
Herbert W. Parke
Athenische Feste

Band 39: 3., überarbeitete Auflage
Bernard Andreae
Laokoon und die Gründung Roms
220 Seiten mit 14 Abbildungen; 40 Tafeln mit 30 Farb- und 22 Schwarzweißabbildungen

Band 40:
Friedrich Karl und Eleonore Dörner
Von Pergamon zum Nemrud Dağ
Die archäologischen Entdeckungen Carl Humanns
XV, 342 Seiten; 8 Farbtafeln; 113 Schwarzweißabbildungen

Band 41:
John M. Camp
Die Agora von Athen
Ausgrabungen im Herzen des klassischen Athen
259 Seiten; 11 Farb- und 188 Schwarzweißabbildungen

Band 42:
Bettina Schmitz/Ute Steffgen (Hrsg.)
Waren sie nur schön?
Frauen im Spiegel der Jahrtausende
329 Seiten; 161 Schwarzweißabbildungen

Band 43:
Werner Ekschmitt
Weltmodelle
Griechische Weltbilder von Thales bis Ptolemäus
192 Seiten; 26 Abbildungen

KULTURGESCHICHTE DER ANTIKEN WELT · PHILIPP VON ZABERN

Band 44:
John S. Morrison/John F. Coates
Die athenische Triere
Geschichte und Rekonstruktion eines Kriegsschiffs der griechischen Antike
380 Seiten; 87 Abbildungen; 15 Farbtafeln mit 26 Abbildungen

Band 45:
Marcus Junkelmann
Die Reiter Roms
Teil I: Reise, Jagd, Triumph und Circusrennen
293 Seiten; 49 Farb- und 234 Schwarzweißabbildungen

Band 46:
Michael Siebler
Troia — Homer — Schliemann
248 Seiten; 81 Schwarzweißabbildungen; 25 Farbtafeln mit 35 Abbildungen; 5 Schwarzweißtafeln

Band 47:
Arthur D. Trendall
Rotfigurige Vasen aus Unteritalien und Sizilien
343 Seiten; 595 Abbildungen

Band 48:
John Boardman
Rotfigurige Vasen aus Athen
Die klassische Zeit
287 Seiten; 566 Schwarzweißabbildungen

Band 49:
Marcus Junkelmann
Die Reiter Roms
Teil II: Der militärische Einsatz
222 Seiten; 27 Farb- und 91 Schwarzweißabbildungen

Band 50:
Karl-Wilhelm Weeber
Humor in der Antike
232 Seiten; 73 Abbildungen und 6 Farbtafeln

Band 51:
Karl Jaroš
Kanaan · Israel · Palästina
Ein Gang durch die Geschichte des Heiligen Landes
184 Seiten; 58 Schwarzweißabbildungen

Band 52: 3., erweiterte Auflage
Bernhard Kytzler, Lutz Redemund
Unser tägliches Latein
Lexikon des lateinischen Spracherbes
XXXIX, 994 Seiten

Band 53:
Markus Junkelmann
Die Reiter Roms
Teil III: Zubehör, Reitweise, Bewaffnung
277 Seiten; 33 Farb- und 166 Schwarzweißabbildungen

Band 54:
Hans Georg Gundel
ZODIAKOS
Tierkreisbilder im Altertum
358 Seiten; 1 Farb-, 257 Schwarzweißabbildungen; 8 Farbtafeln mit 12 Abbildungen

Band 55:
Heidemarie Koch
Es kündet Dareios der König ...
Vom Leben im persischen Großreich
V, 309 Seiten; 199 Textabbildungen; 36 Farbtafeln

Band 56:
Stephanos Geroulanos / René Bridler
Trauma · Wund-Entstehung und Wund-Pflege im antiken Griechenland
172 Seiten, davon 87 Seiten mit 16 Farb- und 115 Schwarzweißabbildungen

Band 57:
M. Carroll-Spillecke u. a.
Der Garten von der Antike bis zum Mittelalter
293 Seiten; 95 Textabbildungen; 39 Farbtafeln

Band 58:
Werner Ekschmitt
Ugarít – Qumrán – Nag Hámmadi
Die großen Schriftfunde zur Bibel
324 Seiten mit 15 Textabbildungen; 13 Farb- und 26 Schwarzweißtafeln

Band 59:
Ralf-Bernhard Wartke
Urartu
Das Reich am Ararat
189 Seiten mit 90 Textabbildungen, 64 Farb- und 26 Schwarzweißtafeln, 2 Karten

Band 60:
Geoffrey Thorndike Martin
Auf der Suche nach dem verlorenen Grab
Neue Ausgrabungen verschollener und unbekannter Grabanlagen in Memphis
283 Seiten mit 128 Abbildungen, 16 Tafeln mit 27 Farbabbildungen